孙中山故居纪念馆／中山市孙中山研究所　编

陈耀垣先生传

A BIOGRAPHY OF MR. CHAN YEW FOON

黄健敏　著

文物出版社

图书在版编目（ＣＩＰ）数据

　　陈耀垣先生传 ／ 黄健敏著． －－ 北京 ：文物出版社，
2016.9
　　ISBN 978-7-5010-4716-1

　　Ⅰ．①陈… Ⅱ．①黄… Ⅲ．①陈耀垣（1883-1949）
－传记 Ⅳ．①K828.9

　　中国版本图书馆CIP数据核字(2016)第207587号

陈耀垣先生传

著　　者：黄健敏

责任编辑：贾东营
责任印制：陈　杰

出版发行：文物出版社
社　　址：北京市东直门内北小街2号楼
网　　址：http://www.wenwu.com
邮　　箱：web@wenwu.com
经　　销：新华书店
制版印刷：北京图文天地制版印刷有限公司
开　　本：787mm×1092mm　1/12
印　　张：13 $^2/_3$
版　　次：2016年9月第1版
印　　次：2016年9月第1次印刷
书　　号：ISBN 978-7-5010-4716-1
定　　价：150.00元

愛國護僑

陳耀垣

目　录

引　言 6

第一章　早年生活 9
一　中山先生同乡 10
二　"朝夕讲求救国之道" 13

第二章　投身革命 19
一　鼓吹革命、戮力筹饷 20
二　第二次护法与中央筹饷会 38
三　主持国民党美洲党务 44
四　纪念孙中山逝世与参加奉安大典 52

第三章　爱国护侨 65
一　致力侨务、尽忠职责 66
二　巡视海外党务与宣慰华侨 76
三　西南政府与抗日 92

第四章　病逝香港 133

附　录 143
一　陈耀垣自传 144
二　忆父亲 .... 陈国权　陈国勋 153
三　陈耀垣先生大事年表 156

鸣　谢 164

CONTEXT

Prologue...6

Chapter I The Early Life..9

1. A Fellow Townsman of Dr. Sun Yat–sen...10

2. In Search of Ways to Free China 13

Chapter II Join the Revolution..19

1. Publicizing the Revolution and Raising Funds 20

2. The Second Constitutional Protection Movement and the Central Fundraising Bureau........38

3. Party Affairs of Kuomintang in the America......................................44

4. Memorizing the Death of Dr. Sun Yat–sen 52

Chapter III A Patriotic Overseas Chinese Affairs Officer 65

1. Devoted to Overseas Chinese Affairs..66

2. Inspection Tours to the Overseas Chinese and Fundraising 76

3. The Southwest Regime and the Anti–Japanese War 92

Chapter IV Death in Hong Kong..133

Appendix...143

1. *The Autobiography of Chan Yew Foon* 144

2. Memorizing Our Father ....Chen Guoquan and Chen Guoxun153

3. Chronology of Mr. Chan Yew Foon...159

Acknowledgements...164

引 言
Prologue

　　孙中山先生的革命追随者中，不少爱国志士虽然不是默默无闻的草根阶层，并亲历见证不少重要历史事件，但始终不是左右时势的关键人物，时移世易，后世往往只知其名和片段经历，而对其人生轨迹与行实事功都不甚了了。孙中山故居纪念馆多年来致力于搜集和研究孙中山及其相关人物的相关文物史料，追寻孙中山身边这些"失踪者"的人生轨迹和所经历的时代光影。

　　陈耀垣先生（1883~1949年），广东香山人，青年时代赴美国，投身孙中山先生领导的革命运动，策动志士，奔走呼号，或筹饷以济义师，或将命以宣主义，为辛亥革命及讨袁、护法、北伐、抗战诸役，为国民党美洲党务及国民政府侨务工作，均贡献良多。后世对陈耀垣的了解却只有零星片段，仅见的几篇简短传略多基于道听途说，辗转传抄，错漏甚多。

　　2014年初，在孙中山先生曾侄孙孙必胜先生的引荐下，美籍华人陈国勋先生代表家族向孙中山故居纪念馆捐赠家藏父亲陈耀垣先生相关文物、文献合共195件，其中包括陈耀垣生平革命运动及公务活动的原版历史照片，孙中山革命政府及国民政府各机构发给的委任状及奖凭、证章及自传手稿等等，时间跨度近半个多世纪，数量多并成系统，全景式的重现了陈耀垣生平史绩与历史形象，同时也是孙中山领导的革命事业以及近代中国政治社会变迁的重要见证。

　　陈国勋先生曾回忆："先父保存很多有历史价值的文物，1929年由美归国，奉令到南京工作，碍于行李太多，大部分文物交上海民智书局保存。抗战逃难时，因现款有限，不能多请轿及行李担夫，只好全家大小都手提一包文物。不幸长途步行，食不饱，睡不足，弄到筋疲力尽。"由此片段回忆已可见该批文物历经半个多世纪、辗转海内外得以保存至今，实离不开其家人付出之艰辛努力。

2014年11月12日，陈国勋先生偕夫人谢玉清女士、女儿陈咏之女士、侄女陈洁馨女士及其他家属从国外回到故乡，出席在翠亨孙中山故居纪念馆举行的"陈耀垣先生文物捐赠仪式暨《陈耀垣先生纪念展览》开幕仪式"。在仪式上，陈国勋先生用粤语深情回顾了孙中山和陈耀垣之间的革命情谊，他说："革命经费与革命成果之间息息相关，赤手空拳难以成就革命。在革命经费最短缺时，孙中山常常亲自出马，到美国各地筹款、宣传革命，家父常陪伴孙中山左右，还把自己的店铺和其他财产变卖资助革命。现在家藏这些文物落脚孙中山故居纪念馆，等于让它们'叶落归根'。在这里，父亲陈耀垣的文物和孙中山先生的文物保存在一起，就像是老友相逢，九泉之下的父亲也一定感到欣慰的。"在场的各界人士都为陈国勋先生的发言而感动。中山市人民政府向陈国勋先生和陈洁馨女士颁发了政府感谢状。陈国勋先生这种无私奉献的社会意识与历史责任，以及热爱家乡、爱护历史文化遗产的高尚情怀值得我们铭记。陈耀垣先生的文物文献在孙中山故居纪念馆必将得到更为妥善久远的保存和更为广泛的传播。

　　下面，就让我们沿着陈国勋先生捐赠的家藏文物文献，在文字和影像间重寻陈耀垣先生的人生轨迹吧。

第一章　早年生活

CHAPTER I
THE EARLY LIFE

一 中山先生同乡

1. A Fellow Townsman of Dr. Sun Yat-sen

陈耀垣与孙中山都是广东香山人。

香山县位于珠江口西岸，北与番禺、南与澳门、西与新会接壤，东与香港、宝安（今深圳）隔海相望。[1] 县人多有出洋谋生者，是著名的侨乡。

近代中国各地社会变化速度的不同步现象是明显的，沿海通商口岸及其影响辐射区与广大的内陆地区仿如"两个世界"。[2] 因为历史传统、文化和地理因素的影响，香山县也同样存在着从价值观念、社会发展到生存竞争方式都颇有差异的"两个世界"。

香山县城石岐隐然就是一个分界线，石岐及其西北，尤其是小榄、古镇、濠头、大涌、长洲、沙溪等地区，位于珠江三角洲新旧冲积平原的分界线上，这些地区的地方豪强通过修祠堂、建立宗族，推行儒家教化，培育子弟猎取功名等文化手段去与王朝体制建立关系，确立在地方的权势。他们拥有自己的武装，控制粮食的生产、贸易和土地的开垦。香山县在古代科举方面的主要成就，也绝大部分集中在这一片区域，叙述香山古代历史时所津津乐道的世家大族与文人名士，绝大部分也都来自这些地区。在某种程度上，可以说近代以前香山的经济、政治与文化的中心就在这片地区。

县城石岐以南的区域，则在近代才大放异彩。民国年间曾担任香山县长的郑道实曾指出："吾邑三面环海，有波涛汹涌之观，擅土地饶沃之美，民情笃厚，赋性冒险"；"兼之僻处偏隅，鲜通中土，无门户主奴之见，有特立独行之风。"[3]

这段评述拿来形容县城以南的区域似乎更为贴切。16 世纪开始，葡萄牙人逐渐以广东香山南面的澳门为贸易和聚居基地，打开了香山人的外向门户。鸦片战争后，香港沦为英国殖民统治，东西方文化在此交汇。香港和澳门对于近代中国人开眼看世界和酝酿革命意识，发挥了独特的作用。[4] 香山石岐以南区域在文化传统、经济发展及社会控制上，都逊于石岐以北的地区，同时又与澳门、香港唇齿相依，加以大量乡人赴美洲、澳洲等海外谋生，由于地缘与人缘的契机，能够得风气之先。近代以来英才辈出，包括从早期著名的唐家唐氏、北岭徐氏、雍陌郑氏、会同莫氏等四大买办家族，到马应彪、郭泉、郭乐、蔡昌、李敏周等近代上海四大百货公司创办人，以及容闳、陆皓东、唐绍仪、程璧光、吴铁城、孙科、王云五、唐国安、苏曼殊、吕文成、阮玲玉、苏兆征、林伟民、杨殷等等与近代中国政治、经济、社会和文化发展不能忽略的重要人物，中国民主革命的伟大先驱孙中山先生，更是其中最璀璨夺目的一位。根据现存文献史料统计出有名字、籍贯及事迹可考的香山籍孙中山革命支持者共超过三百位，其中的九成半以上是石岐以南区域的人士。这些香山才俊虽然都是在香山外面的大舞台成就他们的功业，但他们的成长都离不开早年生活的这个特殊的地理和人文历史环境。

陈耀垣就是出生成长于香山南部这片热土的近代英杰。

1883 年 11 月 24 日（清光绪九年十月二十五日），陈耀垣出生于香山县黄粱镇南山村（今珠海市斗门区乾务镇南

图 1-1 1883 年 11 月 24 日，陈耀垣出生于广东香山黄梁镇南山村（今珠海市斗门区乾务镇南山村）。图为南山村陈氏宗祠。（黄健敏摄）

On November 24, 1883, Chan Yew Foon was born in Nanshan village, Xiangshan (now Doumen, Zhuhai), Guangdong. The photo shows the Chan ancestral temple in Nanshan. (Photo by Huang Jianmin.)

山村）。南山村距东北面的香山县城石岐、东面的孙中山家乡翠亨村以及东南面的澳门大约都是四五十公里。南山村分为旧村、新村、沙龙里、中禾里、太平里、禾丰里等六里，互相毗连成圆环状，周围阡陌相连，所占民田在香山县八区之中数一数二的多，但多为几个大地主控制。全村户口数百家，人口多达两三千，大多以农为业，以种植水稻为主，其余农作物如长园萝卜、石基番薯等甜香美味，为当地名特产。农历逢一、逢四、逢七日，是附近沙龙墟期，南山及周边马山、虎荔等乡民均来趁墟，买卖颇为热闹。乡中华侨以侨居美国为最多，其次为古巴，华侨对家乡建设、事务等均颇热

心。南山村周边风景优美，有"美女照镜"、"龙王晚望"、"葵塘秋月"、"公婆宝石"、"南机织锦"、"营山烟雨"、"石古容关"、"宝鸭穿莲"等南山八景。[5]

南山陈氏据说望出颖川，宋时入粤，居韶关南雄珠玑巷，太祖陈辉生七子，后迁居南下，散住新会、顺德、东莞、潮州等地，俗称所谓"七子流芳"。陈辉第三子名陈英迁冲金（今属台山），其孙陈火山迁陈冲（今属新会）。陈火山第四子陈师佑迁居南山村开枝繁衍，遂为南山陈氏开基祖。[6] 现在，南山村中尚存建于清代的陈氏宗祠、梧山陈公祠、碧崖陈公祠等多座宗祠。（图 1-1）南山陈氏为当地大族，民国年间，

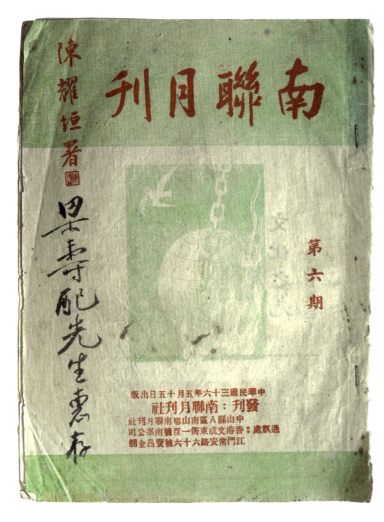

图 1-2 民国年间出版的斗门南山村侨刊《南联月刊》，刊名由陈耀垣题写。（珠海市斗门区博物馆提供）

Nanlian Monthly, an overseas Chinese journal published by Nanshan village, Doumen in the Republican period. Chan Yew Foon inscribed the title of the journal. (Museum of Doumen District, Zhuhai)

南山乡公所就设于梧山陈公祠，中心国民学校亦设于陈氏大宗祠。（图 1-2）

　　广东有着悠久的革命历史传统，孙中山曾经指出："吾粤之所以为全国重者，不在地形之便利，而在人民进取心之坚强；不在物质之进步，而在人民爱国心之勇猛。"[7] 在香山县，距离陈耀垣家乡南山村西北十多公里的新会崖山，是南宋末年最后一个皇帝建立行都之处。南宋祥兴二年（1279 年）二月，元军都元帅张弘范率兵包围崖山，宋军力战不胜，全军覆没。

丞相陆秀夫背着少帝赵昺投海，不少忠臣追随其后殉国。据说聚居在距离南山村约十公里左右的南门村的赵氏宗族就是南宋皇族的后裔。鸦片战争前后，钦差大臣林则徐曾率士兵驻扎香山县城，广东水师提督关天培曾在斗门附近的磨刀门洋面迎击英国海军。清咸丰四年（1854）夏，在太平天国起义的影响下，广东天地会发动的反清洪兵起义，香山志士也曾起兵投入革命洪流。这些历史故事在乡间广泛流传，潜移默化地影响着当地人民。

二 "朝夕讲求救国之道"

2. In Search of Ways to Free China

陈耀垣"家世业儒"，[8]幼年丧父，兄长陈华章早年便往澳洲谋生，后在悉尼去世。陈耀垣自小在家乡私塾读书，幼年便"颇有四方之志"。[9]（图1-3）村中的老秀才们见其敦厚纯良，聪明好学，知其必能成大器，均悉心指导。因为家贫，他少年时代便立志自力更生，做小贩维持生活，工余刻苦读书。据说数年后，陈耀垣能文善书，诗、歌、赋无所不通，被誉为当时的"五山之怪杰"。[10]（图1-4）十九世纪后半叶，清政府与列强相继签订了一系列不平等条约，国家主权受到侵害，国内经济逐渐沦为国际资本的经济附庸；与此同时，中国人民对西方侵略者进行了英勇顽强的抵抗；在中西交汇中，西方的科学技术以及社会政治学说，也开始在中国传播，成长于华南沿海地区的陈耀垣对近代社会的急速转化过程更有切身的体会。稍长，陈耀垣涉猎群书，读到前人所纪清兵入关屠杀汉人的"扬州十日"、"嘉定三屠"等史事，辄拍案惊呼，痛恨清朝统治者的残虐；又读《满清失地记》、邹容《革命军》等书籍，深感清政府政治败坏，"非革命无以救国"。[11]据说他在家乡写过不少义愤填膺抨击清政府之诗作，可惜尽已散失。[12]

为了寻求更好的发展，一遂救国之志，陈耀垣离开家乡乘船赴上海谋生。近代香山人移民谋生，对外主要向东南亚、檀香山、北美、澳大利亚移居，对内则向中国沿海、沿江通商口岸拓展。上海是晚清中国发展最快、规模最大的通商口岸，也是香山人移居发展的重点城市。据统计，香山人在近代上海移民人口中最高时达三万多人，香山人在上海的职业门类众多，包括商业、工业、金融、房地产、教育、出版、艺术等，成功者、杰出者、著名者灿若群星。[13]自1843年11月开埠以来，上海逐渐成为西方思想

图1-3　少年时代的陈耀垣与母亲合影。

陈耀垣家世业儒，自小在乡私塾求学，幼年便"颇有四方之志"。（本书插图，未注明收藏单位或提供单位的，均为陈国勋先生捐赠，孙中山故居纪念馆收藏。为简介计，以下不再一一注明）

Chan Yew Foon with his mother in his boyhood. Chan Yew Foon was born in a family of scholars. He attended local private school in an early age and showed a lofty aspirations since he was little. (Unless otherwise stated, photos in this book are from the special collection of the Museum of Dr. Sun Yat-sen, which are generously donated by Mr. Chen Guoxun.)

图 1-4 1900 年，陈耀垣（右一）与友人合影。
陈耀垣少年时代涉猎群书，痛恨清朝统治者的残虐，深感清朝政治败坏，非革命无以救国。

This is a photo of Chan Yew Foon (right) with his friend in 1900. Chan Yew Foon read widely in his youth. He hated the tyrannical behavior of the Qing troops and felt disappointed by the corruption of the Qing government. He believed that the only way to save China is through revolution.

文化在中国传播的中心，并发展为中国最重要的贸易口岸和国际性的大港口。十九、二十世纪之交，随着西方列强掀起了瓜分中国的狂潮，国内各地人民的爱国反帝斗争情绪迅速高涨，激发起爱国知识分子救亡图存的激情。1905 年日俄战争爆发，刺激立宪运动骤然高涨。清政府启动预备立宪，并于当年废除在中国延续千余年的科举制，使社会统治的传统基础士绅阶层开始分化，加快了传统社会系统的解体。早在 1894 年 11 月 24 日，孙中山就在檀香山成立兴中会，提出了"振兴中华"的口号。乙未广州起义失败后，孙中山在日本及欧美等发动华侨、宣传革命。1896 年 10 月发生的"孙逸仙伦敦蒙难"事件，更令孙中山从此名声大振。1903 年，黄中黄（章士钊）把日本人宫崎寅藏所著的《三十三年落花梦》中关于孙中山的部分编译成中文，取名《孙逸仙》，一纸风行，人人争看，不少国人读后清楚地认识到"有孙逸仙，中国始可为"。《江苏》、《浙江潮》、《警钟日报》等报刊的创刊发行促进革命思想在国内的传播。1905 年 8 月，中国同盟会在东京成立，孙中山提出"驱除鞑虏，恢复中华，创立民国，平均地权"十六字纲领，并在其后创立的同盟会机关报《民报》发刊词中首次公开提出"民族"、"民权"、"民生"三大主义。

在上海，陈耀垣不但眼界大开，而且结识志同道合的爱国志士十余人，"朝夕讲求救国之道"。[14]（图1-5）他的堂兄陈锦象青年时往美国谋生，在美国加州士得顿埠[15]经营一间颇具规模的"德和商店"，经营杂货，生意甚佳。陈锦象因年老打算回故乡安度晚年，但又不愿就此结束自己创办的"德和商店"，于是便征求陈耀垣的意见，是否愿意赴美接手经营。[16]孙中山其时在旧金山宣传革命、筹募革命活动经费，与保皇党人展开论战，推动洪门致公堂成员重新注册，沿途

图 1-5 1903 年，陈耀垣留影。
为了寻求更好的发展，一遂救国之志，陈耀垣离开家乡乘船赴上海谋生。在上海，
他结识爱国志士十余人，朝夕讲求救国之道。
Chan Yew Foon in 1903.
With revolutionary ambitions, Chan Yew Foon left Nanshan and went to Shanghai
to achieve his goal of saving China. He got to know dozens of revolutionaries
in Shanghai, with whom he discussed how to free the Chinese nation from the
Manchu government and foreign imperialism.

演讲受到侨胞欢迎，听讲者每次达千人左右。陈耀垣对此当有所了解，他向堂兄表示愿意赴美国继续经营"德和商店"。但陈耀垣赴美的目的并不仅是为了谋生，更重要的原因是仰慕孙中山先生，"乃决心赴美追随"。[17]

注释：

1　香山县位于珠江口西岸，宋代以前是珠江口外伶仃洋上的山地和丘陵岛屿，属东莞县管辖。宋《太平寰宇记》载：香山在东莞"县南隔海三百里，地多神仙花卉，故曰香山。"南宋绍兴二十二年（1152 年）设香山县，将南海、番禺、新会三县濒海之地划入，属广州府，县域大致包括今日的中山市、珠海市及澳门特别行政区。明《永乐大典》载："香山为邑，海中一岛耳，其地最狭，其民最贫。"明代以后，经过人口的迁徙和社会融合，沙田逐渐成陆，而岛屿与陆地连接加速，农业、商业、交通迅速发展，至清嘉庆、道光年间，"乃与南（海）、番（禺）、顺（德）、东（莞）等同列大县"。1925 年 4 月，为纪念孙中山先生，香山县改名中山县。1929 年 2 月，以"中山县为总理（孙中山）故乡"，"该县为粤中最繁盛之区，岁入甚巨，民智早开，人才辈出"等理由而确定中山县为全国模范县。1953 年从原中山县划出部分地区与原属东莞、宝安的若干海岛合并成立珠海县。1965 年复从中山县、新会县划出部分地区成立斗门县。1979 年 3 月，珠海县升格为省辖市。1980 年 8 月，珠海成为经济特区。1983 年 5 月，斗门县划归珠海市辖。同年中山县撤县建市（县级市），1988 年升格为地级市。(参见中山市地方志编纂委员会编：《中山市志》，广东人民出版社 1997 年版，第二编"建置沿革"。)

2　张灏：《梁启超与中国思想的过渡，1890-1907》，江苏人民出版社 1995 年版，第 3 页。

3　郑道实：《〈香山诗略〉跋》，黄绍昌、刘燧芬编：《香山诗略》卷六，民国二十六年（1937 年）刊印。

4　参见程美宝等著：《把世界带进中国：从澳门出发的中国近代史》，社会科学文献出版社 2013 年版。

5　参见金监：《南山村轮廓》，《南联月刊》（第八、九期合刊），南联月刊社 1947 年 12 月 15 日发刊，第 13~16 页。

6　赵国勇：《斗门各姓族源流概说》，《斗门文史》（第 5 辑），第 49~50 页。参见民国《香山县志》卷二"舆地·氏族"。珠江三角洲宗族追述先世历史时，往往会讲述到"珠玑巷"迁移的故事，把祖先定居的历史，追溯到明代甚至更早的宋元。以往的研究已经指出，珠江三角洲地区普遍流传的南雄珠玑巷移民故事，是个有关迁移和定居的传说，其关键的内容是把定居的历史与户籍登记联系起来，是这个地区的家族表达其身份认同的话语。参见 David Faure: "The Lineage as Cultural Invention: The case of the Pearl River Delta", *MODERN CHINA*, Vol. 15, No.1 January 1989, pp 4 ~ 36。刘志伟：《历史叙述与社会事实：珠江三角洲族谱的历史解读》，《在国家与社会之间——明清广东地区里甲赋役制度与乡村社会》，中国人民大学出版社 2010 年 3 月版。

7　孙中山：《留别粤中父老昆弟书》，广东省社会科学院历史研究所等编：《孙中山全集》（第 4 卷），中华书局 1985 年 4 月版，第 478 页。

8　《陈耀垣自传》（稿本），1945 年 6 月 6 日，翠亨孙中山故居纪念馆藏（以下简称"中山故居藏"），第 1 页。

9　《陈耀垣自传》(稿本)，1945 年 6 月 6 日，中山故居藏，第 1 页。

10　陈金：《陈耀垣先生事略》，《斗门文史》(第 4 辑)，第 35 页。2014 年 11 月 4 日，笔者与同事张咏梅、谭泉业等曾到陈耀垣家乡南山村实地调查陈耀垣相关事迹，不过当地人对相关情况已甚少记忆。陈金所撰《陈耀垣先生事略》几乎是唯一稍为详细描写其生平的文字，后来各种介绍陈耀垣的小传，如《斗门县侨务志》、《珠海人物传》、《珠海市人物志》等莫不取材于此。《陈耀垣先生事略》叙述陈耀垣生平史迹错漏甚多，不过该文关于陈耀垣早年在家乡斗门的生活，因是其家乡人写他在家乡的事迹，而且人事描述颇为清晰具体，似非虚构，或撰写时有所凭据，在没有其他史料参考的情况下，姑且参考采用。

11　《陈耀垣自传》(稿本)，1945 年 6 月 6 日，中山故居藏，第 1 页。

12　陈金：《陈耀垣先生事略》，《斗门文史》(第 4 辑)，第 35 页。

13　参见熊月之：《上海香山人与香山文化》，上海《社会科学》2006 年第 9 期。

14　《陈耀垣自传》(稿本)，1945 年 6 月 6 日，中山故居藏，第 1 页。

15　士得顿 (Stockton，今一般译作"斯托克顿")，美国西海岸加州的港口城市，位于旧金山以东约 100 公里。

16　陈金：《陈耀垣先生事略》，《斗门文史》(第 4 辑)，第 35 页。

17　《陈耀垣自传》(稿本)，1945 年 6 月 6 日，中山故居藏，第 1 页。

陈耀垣先生传　A BIOGRAPHY OF MR. CHAN YEW FOON

第二章　投身革命

CHAPTER II
JOIN THE REVOLUTION

一 鼓吹革命、戮力筹饷

1. Publicizing the Revolution and Raising Funds

1906 年，陈耀垣赴美国加州士得顿埠，初从事农业，并接手经营德和商店。（图 2-1）

1907 年，已在香港加入同盟会的李是男返回美国三藩市，并与《大同日报》的唐琼昌、刘成禺及致公堂黄三德等多次商量组党救国事宜。但当时保皇党势大，致公堂会员多顽固守旧，倨然自大，不愿与后辈少年合作，美洲华侨赞同革命者寥若晨星。1909 年秋，冯自由从香港寄给李是男同盟会主盟员证书，嘱咐他在美发展革命党员，扩张党势。当年夏秋间，李是男联络三藩市的有志青年温雄飞、黄芸苏、黄杰廷、黄伯耀、许炯藜等数人发起少年学社，"藉讲学以宣传党义，先集合同志数十人，设金门学校，以感化青年子弟。"当时少年社社员多属教员及工界，陈耀垣亦为社员之一。其时旅美华侨风气较为闭塞，而保皇会势力方炽，且有《世界日报》等为之鼓吹，有些华侨甚至认为保皇之策比较稳健易行，"实则并望异日得高官厚禄也"。而少年学社社员均年少言轻，素不为华侨各团体所重视，"内为父兄不容，外受友朋蔑视，且时有以自招杀身灭族之危词相恐吓"，三藩市保皇党人常以"少年亡"嘲讽少年学社社员，他们故未敢直接倡言革命，以免招惹多数顽固同胞之反感。他们觉得单纯通过口头演讲，不如办一个报馆，既可以纠正保皇会的《世界日报》的谬论，又可以宣传于远近各地，于是创立《少年周刊》，"不数月，而风行全美，表同情者日众。"[1] 陈耀垣后来在《自传》回忆："少年学社者，实中山先生所领导鼓吹革命之机关，其以学社名，盖欲避免当地政府之干涉耳。"[2]

1909 年春，孙中山以历年筹划经营在广东、广西及云南三省起义均相继失败，南洋同志筹饷之力渐告枯竭，于是决计远游欧美，另辟财源，以谋再举。同年 11 月，孙中山抵达美国纽约。12 月 31 日，孙中山在纽约成立中国同盟会分会。孙中山随后往波士顿、芝加哥及三藩市成立革命组织，筹款策动广州新军起义，虽多方运动，竭尽其力，但筹募所得距离计划中所需款项二万元甚远。1910 年 2 月 10 日，孙中山抵达三藩市，李是男率少年学社同志数人欢迎于车站。2 月 12 日，广州新军起义事败，倪映典等百余志士牺牲。孙中山鉴于广州新军起义筹饷之困难，益觉成立革命团体之必要，遂命李是男等改组少年学社为同盟会。2 月 27 日，三藩市同盟会分会宣告成立，孙中山亲为主盟人。第一次宣誓入会者有李是男、黄伯耀、张霭蕴等十余人。陈耀垣等随后宣誓加入同盟会[3]，他变卖自己经营的德和商店的财物，将全部款项资助革命，并积极投入同盟会会员发展和会务工作，主持士得顿同盟会分部，被孙中山任命为同盟会美洲主盟人。[4]（图 2-2）陈耀垣等愤恨保皇党人认贼作父，有一次持手枪率领青年同志，径入士得顿埠保皇党活动场所捣毁之，据说"美警察为之称快"。[5]

旅美侨胞乡土观念极深，而处清廷强权之下，尤望祖国富强，不再受腐败政府与官僚之压制，所以都喜闻乐见振兴中国之策。开始的时候，华侨甚至不管倡议者是谁，其人是

图 2-1　1904 年，陈耀垣留影。

陈耀垣闻得孙中山在欧美致力宣传革命，决心赴美追随。1906 年，陈耀垣赴美国加州士得顿埠，初从事农业，并经营"德和商店"，不久加入革命团体少年学社。

This is a photo of Chan Yew Foon in 1904. Chan decided to follow Dr. Sun Yat-sen to the U.S. when he heard about the revolutionary cause led by Dr. Sun. In 1906, he went to Stockton, California to engage in agricultural business and operate a store: Tuck Wo and Company. He soon joined the Young China society, a revolutionary group.

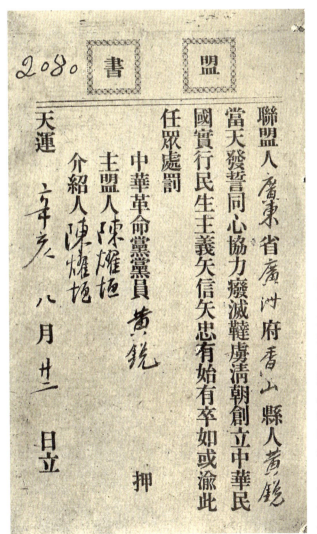

图 2-2　1911 年 10 月，黄锐加入同盟会的盟书。

1910 年春，孙中山改组少年学社为三藩市同盟会总会。陈耀垣加入同盟会，主持士得顿埠分部，并任同盟会美洲主盟人。当时加盟者署称中华革命党党员，但对外仍称同盟会。（原刊革命纪念会编《广州三月二十九革命史》卷首附图）

Huang Rui's Oath of joining the Tong Meng Hui (Chinese Revolutionary Alliance).

Dr. Sun Yat-sen reorganized the Young China society into the Tong Meng Hui (Chinese Revolutionary Alliance) headquarters in America in San Francisco in the spring of 1910. Chan Yew Foon joined Tong Meng Hui and was in charge of the Stockton branch. He was also appointed to be the leader of the Tong Meng Hui in America. Those who joined the Tong Meng Hui were called members of Chinese Revolutionary Party, yet they were still known as the Tong Meng Hui externally.

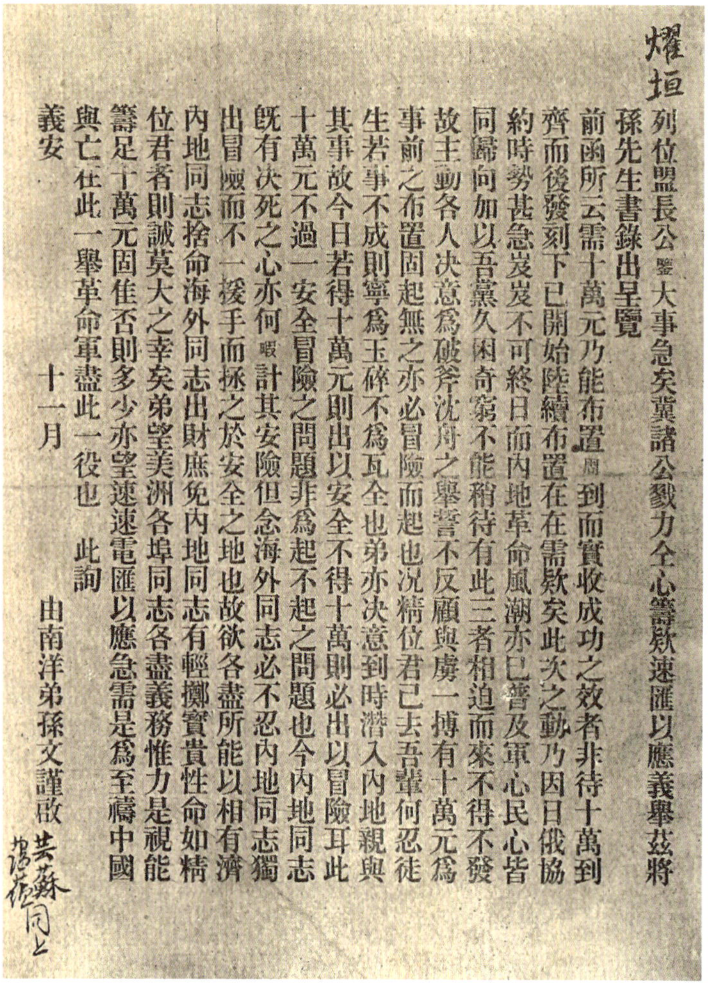

耀垣
列位盟長公鑒大事急矣冀諸公戮力全心籌欵速匯以應義舉茲將
孫先生書錄出呈覽
前函所云需十萬元乃能布置周到而實收成功之效者非待十萬到
齊而後發刻下已開始陸續布置在在需欵矣此次之動乃因日俄協
約時勢甚急岌岌不可終日而內地革命風潮亦已普及軍心民心皆
同歸向加以吾黨久困奇窮不能稍待有此三者相迫而來不得不發
故主動各人決意爲破斧沉舟之舉誓不反顧與虜一搏有十萬元爲
事前之布置固起無之亦必冒險而起也況精位君已去吾輩何忍徒
生若事不成則寧爲玉碎不爲瓦全也弟亦決意到時潛入內地親與
其事故今日若得十萬元則出以安全不得十萬則必出以冒險耳此
十萬元不過一安全冒險之問題非爲起不起之問題也今內地同志
既有決死之心亦何暇計其安險但念海外同志必不忍內地同志獨
出冒險而不一援手而拯之於安全之地也故欲各盡所能以相有濟
內地同志捨命海外同志出財庶免內地同志有輕擲寶貴性命如精
位君者則誠莫大之幸矣弟望美洲各埠同志各盡義務惟力是視能
籌足十萬元固佳否則多少亦望速速電匯以應急需是爲至禱中國
興亡在此一舉革命軍盡此一役也　此詢
義安　十一月　由南洋弟孫文謹啟

图 2-3　1910 年 11 月，黄芸苏、张蔼蕴转寄给陈耀垣的函件。1910 年底槟榔屿会议后，孙中山加紧筹款，发动起义。函中简述国内革命形势，寄望美洲各埠同志各尽所能，筹足十万元。（原刊革命纪念会编《广州三月二十九革命史》卷首附图）

After the Penang meeting at the end of 1910, Dr. Sun Yat-sen speeded up fundraising to unleash uprisings. This photo shows Dr. Sun's letter that Huang Yunsu and Zhang Aiyun forwarded to Chan Yew Foon, which outlined the domestic revolutionary situation and asked for a hundred thousand dollars from the American Chinese.

否足以信任，其策是否足以救国，均表支持。所以康有为、梁启超等倡保皇之说，美洲侨胞受骗入保皇会者甚多，其中不少是资产较丰厚的华侨。[6] 孙中山及革命党人组织演说队赴各埠倡言革命，侨界风气大变，“前误入保皇会，今忽改而主张革命者，为数不可以屈指计”[7]。三藩市同盟会会务日渐兴盛，华侨闻风加盟，三数月间，会员已达千人。[8] 是年秋冬间，三藩市同盟会会员集资改组《少年周刊》为《少年中国晨报》（The Young China Morning Paper），以股份有限公司方式进行募股，每股一元，规定凡属同盟会会员，至少认购一股。[9]

1910 年 2 月的广州新军起义失利后，一些革命党人产生了悲观失望情绪，“举目前途，众有忧色，询及将来计划，莫不唏嘘太息，相视无言”[10]。孙中山抚慰同志无需为此气馁：“革命之风潮已盛，华侨之思想已开，从今而后，只虑吾人之无计划、无勇气耳！”[11]1910 年 11 月 13 日，孙中山在南洋马来亚槟榔屿召开秘密会议，黄兴、赵声、胡汉民、孙眉以及槟榔屿、怡保、芙蓉等地的同盟会骨干参加了这次会议。在孙中山的鼓动下，会议决定募集巨款，在广州发动一次更大规模的起义，“鉴于前车，故为充分款项之筹集，事济与否实全系之。”[12]1910 年 11 月，陈耀垣收到黄芸苏、张蔼蕴抄寄的孙中山函件，函中简述国内革命形势，寄望美洲各埠同志“各尽所能，以相有济。内地同志舍命，海外同志出财”，筹足起义所需十万元，并说“中国兴亡在此一举，革命军尽此一役也”。[13]（图 2-3）

因为革命行动不容于东南亚各地政府，起义所需之筹款单靠南洋恐难筹足，为免耽误起义大举之期，1910 年 12 月 6 日，孙中山离开槟城赶赴欧美，拟向华侨筹足此数。[14] 孙中山抵美国之前，美洲华侨筹款由陈耀垣、冯自由、黄芸苏等办理，侨胞捐款甚为踊跃。[15] 孙中山到埠后，成立中华革命军筹饷局，详细介绍起义计划，陈耀垣等响应奔走各埠，筹集款项更为可观。[16]（图 2-4）据邹鲁统计，美洲为三·二九之役合共筹得款项达七万七千美元之巨。[17]

1911 年 4 月 27 日（农历辛亥年三月二十九日），黄兴率领百余名革命党人攻打广州两广总督衙门,但因寡不敌众,而其他各路义军又未能按计划发动,起义最后以失败告终。(图2-5)三·二九之役革命党受创深重,但孙中山在失败中看到革命胜利的希望,他后来回忆说此役"事虽不成,而黄花岗七十二烈士轰轰烈烈之概已震动全球,而国内革命之时势实以之造成矣。"[18] 他写信给黄兴等革命党人,鼓励他们认清形势,继续奋斗;并游历美国芝加哥、波士顿、华盛顿、洛杉矶等各地继续开展革命筹划活动。1911年6月,孙中山到美国三藩市。他认为三藩市洪门致公堂与同盟会不能合作,殊足妨害革命事业之进行,于是决心改变状况,遂令同盟会员一律加入洪门团体,并发起成立美洲洪门筹饷局(又称国民救济总局),为募集义捐之总枢纽。孙中山亲率演说员陈耀垣、黄芸苏等分途出发演说筹款,为在国内发动更大规模的起义做准备,协力筹措,"粗有端绪"。[19](图2-6)据《美洲金山国民救济局革命军筹饷征信录》统计,洪门筹饷局先后动员捐款华侨计14652人次,英、美、日本、韩国等外国人59人次,捐款商号约145个,涉及430多个城镇。筹得款项合共美金144130.41元,其中直接或间接用于辛亥革命的支出为美金119536.42元。陈耀垣不但慷慨捐款,《征信录》显示他还垫支美金300元支援革命。[20](图2-7)

1911年10月10日,武昌起义爆发,如一道闪电划破了中国黑暗的长空,迅速引起世界瞩目。次日天明,革命军攻占督署,光复武昌。至11月下旬,全国已有14省先后响应,宣布独立。孙中山离开美国经欧洲回国,他深知新成立的民主共和国百废待兴,急需大量的财政援助开展国家建设,仍命陈耀垣等留在美国继续筹助军饷。[21]

1912年1月1日,孙中山在南京就任中华民国临时大总统,中华民国正式宣告成立,中国历史进入新时代。

南京临时政府从成立开始就面对来自国内外的压力和冲击。为了打开僵局,早日实现国家的和平统一和繁荣富强,革命党人最终同意以清朝皇帝退位、袁世凯公开宣布支持民

图2-4 1911年,陈耀垣奉命奔走各埠发动华侨筹款时在三藩市留影。

This is a photo of Chan Yew Foon in San Francisco in 1911, who was touring in the United States to raise money among the overseas Chinese.

国政府为条件,孙中山辞去临时大总统职位由袁世凯继任。孙中山还提出袁世凯须受民国推举,宣布绝对赞成共和,政府必须设在南京等条件,还加紧制定各种法令,特别是强调必须执行《中华民国临时约法》,企图以此约束袁世凯。袁

垣耀陈　荃蕙雷

岂于此清末年武汉起义前一个月

往围园筹饷同拍于美洲山多頃縣

合纪

图 2-5　1911 年 9 月，陈耀垣（左）与雷蕙荃（右）往围园筹饷时合影于美洲山多顷县。

广州三·二九起义失败后，孙中山赴美组织洪门筹饷局（国民救济总局），亲率演说员陈耀垣、黄芸苏等分途出发演说筹款，为在国内发动更大规模的起义做准备。

This is a group photo of Chan Yew Foon (left) and Lei Huiquan (right) in America in September 1911. After the failure of the Second Guangzhou Uprising, Dr. Sun Yat-sen organized the Hongmen Fundraising Bureau (also called the National Relief Bureau) in America and personally led Chan Yew Foon, Huang Yunsu and others to give fundraising speeches in various ports in preparation for another trial.

图2-6 《美洲金山国民救济局革命军筹饷征信录》(《大同日报》社 1912 年铅印本,孙中山故居纪念馆藏)

Directory of Fund Raising for Chinese Revolutionary Army by the National Relief Bureau, San Francisco, U.S. (published by Tai Tung Yok Bo (Da Tong Daily News) in 1912, from collections of the Museum of Dr. Sun Yat-sen).

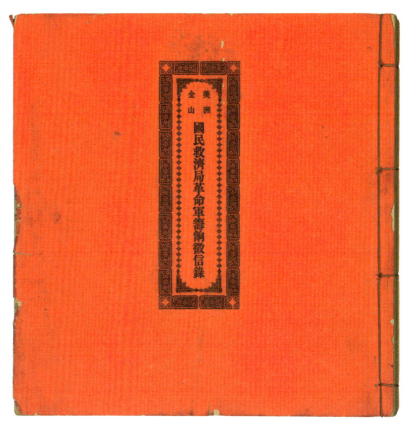

图 2-7 1915 年,陈耀垣留影。

1912 年民国成立后,同盟会改组为国民党。陈耀垣任国民党士得顿埠分部部长。袁世凯复辟帝制,孙中山组织中华革命党再举革命。陈耀垣随即加入,并负筹饷讨袁之责;又与刘日初等组织敢死队,拟回国效力。

Chan Yew Foon in 1915.

After the founding of the Republic of China in 1912, Tong Meng Hui (Chinese Revolutionary Alliance) was reorganized as Kuomintang. Chan Yew Foon acted as the head of Stockton Division of Kuomintang. After the failed Second Revolution against Yuan Shikai and the subsequent outlawing of the Kuomintang in the Republic of China in 1913, Dr. Sun Yat-sen reorganized the party under the new name of the Chinese Revolutionary Party. Chan Yew Foon followed him in another wave of revolution against Yuan Shikai and was responsible for fundraising. He also organized a suicide squad for the revolution with Liu Richu in preparation to go back to China.

世凯以京津之变为借口，勾销了南下就职的诺言。3月10日，袁世凯在北京宣誓就任临时大总统。4月2日，临时参议院正式通过临时政府迁往北京的决议。辛亥革命的成果落到了袁世凯的手中。

为了在中国实现理想的民主政治，以宋教仁为首的部分同盟会员在推进政党政治和责任内阁方面做出极大努力。1912年8月25日，以原同盟会为主干，联合统一共和党等4个政治团体组建的国民党正式成立。孙中山出席国民党的成立大会，被推举为理事长。11月15日，美洲中国同盟会亦改称为"美洲国民党总支部"。[22]陈耀垣被任命为国民党美洲支部士得顿埠分部部长。[23]

1913年初，中华民国参、众两院议员选举，在代理理事长宋教仁领导下的国民党籍议员占了获选议员总数的45%强，袁世凯控制的几个政党则遭到惨败。正当宋教仁兴高采烈，准备成立以他为首的责任内阁时，3月20日被枪手暗杀于上海火车站。当时种种证据和舆论，都认为袁世凯有背后策动暗杀的最大嫌疑。中国政治形势急转直下。4月，袁世凯又非法签订善后大借款，准备发动内战，消灭南方革命力量。在通过以舆论和法律等合法手段倒袁的途径不可行之后，革命党人决定采取武力讨袁的行动。孙中山先后奔走于上海、澳门、香港等地，组织部署反袁战事，他致电袁世凯，表示"必以前此反对君主专制之决心反对公之一人，义无反顾。"[24]1913年7月，李烈钧宣布江西独立，随后江苏、安徽、上海、广东、福建、湖南、四川等南方各省市也在仓促中举起反袁义旗，史称"二次革命"。"二次革命"由于事发仓促，准备欠周，且缺乏国内各界的有力支持，至9月中旬，各地反袁军先后被击溃，各省的独立相继取消，"二次革命"失败告终。

1913年11月4日，袁世凯下令解散国民党。但是在海外因袁世凯势莫能及，各国民党支部机关多仍存在。国民党被解散，海外党员只有增强对袁氏的仇恨，增强对孙中山的

归心。1913年，林森奉命到美国主持美洲支部党务。美洲各埠同志以全美党务繁赜，不可无总合之机关，于是公决成立国民党美洲总支部，统管全美党务，并推举林森为总支部长，冯自由为副支部长。[25]自1914年8月起，林森积极发展美洲党员，数月间加盟同志达数千人。[26]

"二次革命"失败后，孙中山及很多革命党人被迫流亡日本。"二次革命"失败造成党内同志极大的思想混乱和行动歧异，革命阵营中"谈及将来事业，意见分歧，或缄口不谈革命，或期革命以十年，种种灰心，互相诟谇，二十年来之革命精神与革命团体，几于一蹶不振"。孙中山反思"二次革命"失败的原因，认为要继续开展革命，首先要建立一个纯洁的、有信仰、有纪律的新政党。于是他着手组织中华革命党，"务在正本清源"，"摒斥官僚"，"淘汰伪革命党"。[27]1914年7月，中华革命党在东京成立，孙中山担任中华革命党总理。陈其美、居正、许崇智、胡汉民分长总务、党务、军务和政治部。中华革命党以"实行民权、民生两主义为宗旨"、"以扫除专制政治、建设完全民国为目的"。[28]但在美洲，为避免与当地法律冲突，革命党人仍沿用"国民党"名义开展活动。三藩市成立民国维持会，为推动讨袁捐款，规定每一党员每年至少捐助工资所得一个月，至袁世凯倾覆之日为止。中华革命党成立后，陈耀垣随即在美加入，并负筹饷讨袁之责，他又与刘日初等组织敢死队，拟回国效力。[29]（图2-7）林森主持美洲党务3年间，"美洲募得讨袁军费共美金二十万零四千六百五十一元，成绩特优，总理特颁赠'领袖支部'荣誉。"[30]黄兴因与孙中山组党意见不合，于1914年7月抵达美国，并展开筹款工作，期间曾题赠陈耀垣行书诗中堂。（图2-8）1915年1月，日本趁第一次世界大战期间欧美各国无暇东顾的时机，向袁世凯提出"二十一条"交涉，企图把中国的领土、政治、军事及财政等都置于日本的控制之下。事件引发的全国性"救国储金"运动，美洲华侨筹得美金约八万元，支援祖国以增强国力、抵御

外侮。[31]

1915 年 7 月 24 日至 8 月 3 日，国民党美洲支部在三藩市举行第一次全美恳亲大会，来自日本、澳洲、秘鲁、中美、古巴、墨西哥、檀香山、加拿大及美洲各埠代表共 69 人与会，陈耀垣作为士得顿分部代表出席会议。（图 2–9、图 2–10）经蔡斯度荐举、孙科附议，陈耀垣当选为大会 5 名审查股员之一。孙中山在日本致电大会云："亲仁善群，树德务滋，百尔君子，念兹在兹。"[32]7月 24 日中午在三藩市唐人街杏花楼举行的茶话会上，各地代表互相介绍认识并发表感言，陈耀垣发言曰："君子爱人以德，吾党当布善种，去蔓草，以救今之中国。"[33]陈耀垣积极参与讨论各项提交大会的议案，如在 7 月 26 日召开的第一次会议上，陈耀垣对"颁发各分部职员委任状案"，表示"不敢赞成"。在 7月 27 日召开的第二次会议上，他对"购地建筑支部会所案"，发言支持，表示"为巩固基础起见，无论革命成功与否，亦应筹款建筑，俾垂永远。"对于有代表提出规定党员最少认捐十元实"似难办到"的疑问，他又表示："革命的人，既不要命，何有于钱？故额捐十元，亦不为多。"后额捐十元提议获多数赞成。[34]会议期间邀请加省大学教授谷罗士（Prof.Cross）开讲"何为政治革命"，结论指出中日问题必候战争解决，中国必获最后胜利云云。袁世凯政府当局曾商请美国阻挠恳亲会举行，不果；又请巴拿马赛会执事拒绝国民党人参加赛会，但赛会不但未允袁党所请，反而表示欢迎国民党恳亲大会人士参观，袁氏伎俩，遂无从施。[35]恳亲大会于闭幕之夕举行"言志会"，会员轮流对于大会暨党务各抒己见。陈耀垣发言云："今日之恳亲会，筹备既如此完备。深幸

图 2-8 广州三·二九起义的主要领导人黄兴赠陈耀垣的书法手迹。（陈国勋先生藏）

Calligraphy of Huang Xing, a principal leader of the Second Guangzhou Uprising, which Huang sent as a gift to Chan Yew Foon. (personal collection of Mr. Chen Guoxun)

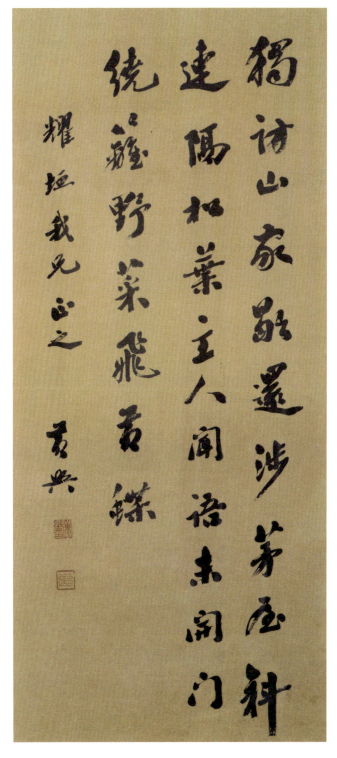

Delegates of Chinese Nationalist League of America. Panama Pacific International Exposition. San F

图 2-9　1915 年 7 月 30 日，国民党美洲支部在三藩市举行第一次全美恳亲大会时合影。前排右起第 11 人为陈耀垣。前排右起第 19 人为孙科。

A group photo of the 1st Kuomintang Convention in America, hosted by the Kuomintang American Branch in San Francisco on July 30, 1915. Chan Yew Foon (first row, eleventh from right), Sun Fo (front row, nineteenth from right).

图 2-10　邓家彦编《中国国民党第一次恳亲大会始末记》，美国三藩市，《少年中国晨报》社 1915 年 12 月 8 日刊印。（珠海市斗门区博物馆提供）

The Record of the Convention of the Chinese Nationalist League in U.S.A., 1915, edited by Deng Jiayan, published by Young China Morning Paper on December 8, 1915. (Museum of Doumen District, Zhuhai)

图 2-11　中国国民党美洲支部在三藩市举行第一次全美恳亲大会时合影。

A group photo of the 1st Kuomintang Convention in America, hosted by the Kuomintang American Branch in San Francisco.

图 2-12　1916 年，陈耀垣（前右一）与国民党美洲总支部航空学校的部分华侨毕业生合影于飞机前。

Chan Yew Foon (first from right in the front) with some of the Chinese graduates of the Flying School in front of a plane.

吾党有人，予他日回埠，必实力鼓吹同志进行也。"[36]（图 2-11）

1915 年 12 月 25 日，云南都督唐继尧与蔡锷、李烈钧等在云南宣告独立，成立护国军，发誓"拥护共和，我辈之责。兴师起义，誓灭国贼"，正式起兵讨袁。西南各省纷纷响应，形成全国规模维护共和制度的"护国运动"。12 月 26 日，孙中山即电告三藩市同志："云、贵确布独立。苏、赣、沪、鄂皆备即发。"[37]1916 年 3 月 22 日，袁世凯被迫宣布取消帝制。6 月 6 日，仅做了 83 天皇帝的袁世凯一命呜呼。

中国的政治局面仍然诡谲异常。袁世凯死后，黎元洪继任大总统，段祺瑞任国务总理，继续废弃民初国会和《临时约法》。孙中山对北京政府完全失望了，清楚地看出段祺瑞等完全是"以伪共和易真复辟"，与之谈共和，无异于与虎谋皮。为了维护《临时约法》，恢复旧国会，孙中山决定以广东为护法基地。1917 年 8 月 25 日，南下的国会议员在广州召开国会非常会议，中华民国军政府宣布成立。9 月 1 日，

孙中山当选为海陆军大元帅。在 9 月 10 日举行的就职典礼上，孙中山宣布当身先士卒，"与天下共击破坏共和者"。[38]

孙中山十分重视空军建设。1914 年，他即派国民党驻美洲总支部长林森积极推行训练空军人才计划，并选派华侨学生陈庆云、张惠长等进入设于纽约水牛城的寇提斯飞行学校（Curtiss Flying School in Buffalo,N.Y.）接受空军军事训练。次年，国民党美洲总支部在列活埠（Redwood）设立航空学校，训练航空人才。（图 2-12）1916 年 3、4 月间，孙中山连发多电致三藩市《少年中国晨报》，嘱该报将存款尽买军用飞机，并着熟悉飞行驾驶的同志林森、邓家彦等归国。[39]1918 年，美国华侨蔡思渡、陈君应等响应孙中山"航空救国"倡议，在三藩市发起成立"图强飞机有限公司"，陈耀垣为赞成发起人之一。（图 2-13）该公司拟集资本五万元，用于集款购机，培育航空人才，发展飞行事业，以储救国利器。公司计划先购军用飞机两架，运回中国择地演放，"一以实验航空之功用，

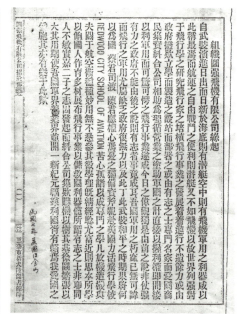

图 2-13 《图强飞机有限公司招股部》，美国三藩市新大陆图书馆 1918 年印行。

1918 年，美国华侨响应孙中山"航空救国"主张，为集款购机，培育航空人才，发起成立"图强飞机有限公司"，陈耀垣为赞成人之一。（陈迪秋女士提供）

The picture shows the "Share Raising Department of Tu Qiang Aircraft Co. Ltd". (provides by Ms. Chen Diqiu)

In respond to Sun Yat-sen's advocate of "saving the nation through aviation", the overseas Chinese in America founded the "Tu Qiang Aircraft Co. Ltd." to raise fund for planes and nurture aviation personnel in 1918. Chan Yew Foon was one of the supporters.

唤起国人之倾向，一以筹集的款，为扩充营业之准备。"又计划购运各种机械用具，以便回中国开设航空教练所，培养飞行人才，待筹集资本充足时，即选择冲要地点，开设飞机制造厂，制造飞机发售各省，以挽回部分军械的利权。[40] 图强飞机有限公司成立后，奉孙中山命购飞机两架运回福建漳州，归粤军第一军调遣，在 1920 年驱逐莫荣新、陆荣廷及 1921 年援桂之役，两机均立下战功。[41] 此时，陈耀垣在美洲侨界相当活跃，也积极参加国民党美洲总支部的活动。（图 2-14、图 2-15、图 2-16、图 2-17）

第一次护法运动因为西南军阀的争权夺利和南北军阀的公开勾结而举步维艰，桂系、滇系军阀及部分政客等提出改组军政府、改大元帅制为合议制，实际上就是排挤孙中山，要取消他对护法运动的领导。孙中山目睹依靠军阀力量来恢复《临时约法》、重建共和政府的希望又告破灭，于 1918 年 5 月 4 日发布辞去大元帅职务的通电，在回顾近一年护法运动的坎坷历程后，沉痛指出："顾吾国之大患，莫大于武人之争雄，南与北如一丘之貉。虽号称护法之省，亦莫肯俯首法律及民意之下。" 5 月 21 日，孙中山愤然离粤赴沪。第一次护法运动以失败告终。

第一次世界大战结束后，1919 年初各国在巴黎开和平会议。中国在一战中参加了协约国对同盟国作战，支援协约国大量粮食和劳工。作为战胜国的中国，向战败国德国索回强占的山东半岛主权是顺理成章的事。但英、美、法等所把持的巴黎和会及后签订的和约，却不顾中国政府的强烈要求，决定将战前德国在山东的权益统归日本所有，激起中国人民及海外华侨的强烈愤慨。美洲各埠华侨于三藩市组织国民外交后援总会，设分会于各埠，从事对内对外宣传，通电反对巴黎和议。[42] 美洲华侨复组织侨美中国国民外交会，公推何卓竞担任会长，并推陈耀垣为游埠专员赴各地演说，策动国民外交，联络美国及中南美各国华侨，团结一致，并搜集

图 2-14　1918 年前后，陈耀垣（中）
与华侨代表团参观士得顿癫人院时合
影。
Chan Yew Foon (middle) and overseas
Chinese representatives visit Stockton
Mental Hospital in around 1918.

图 2-15　1919 年 4 月，陈耀垣（前排右四）、汪精卫（前
排右五）等合影。
Chan Yew Foon (front, 4th from right) and Wang Jingwei
(front, 5th from right) in April 1919.

图 2-16　1919 年 4 月，国民党欢迎汪精卫先生办事处职员暨代表团合影。左十为陈耀垣，左十四为汪精卫。
Chan Yew Foon (10th from left) and Wang Jingwei (14th from left) in a group photo of Kuomintang welcoming the staff and representatives from Wang Jingwei Office in April 1919

图 2-17　汪精卫赠陈耀垣行书"劲节凌秋，秾花藻夏；华峰驻日，翠壁生云"对联。（陈国勋先生藏）

The calligraphy that Wang Jingwei inscribed to Chan Yew Foon

材料印行《国民外交》半月刊，向美国参众两院议员、传媒及各方名流极力呼吁主持正义。（图 2-18）陈耀垣赴美国首都华盛顿，谒见美国参议院外交委员会主要官员朱熹罗治、保拉、约翰逊等，请求援助。（图 2-19、图 2-20）他们的努力"卒获外交委员会通过将山东直接交还中国（惟提出大会通过保留）"。1921 年 11 月至 1922 年 2 月间，美、英、法、意、日、比、荷、葡和中国政府的代表团在美国举行华盛顿会议，中国代表强烈要求收回山东主权和废除"二十一条"。2 月 4 日，在美英斡旋下，中日两国签订了《解决山东悬案的条约》及其附约，规定：恢复中国对山东的主权，日本将胶州湾德国旧租借地交还中国，中国将其全部开为商埠，并尊重日本在该区域内的既得利益；日军撤出山东，青岛海关归还中国，胶济铁路及其支线由中国向日本赎回，前属德国人的煤矿由中日合办等，得以挽回部分利权。陈耀垣后来在《自传》中回忆说："及哈定总统任内，召集九国代表在华盛顿开会，果有日本应将胶州湾、青岛交还中国之决定，未始非当事奔走呼号之效也。"[43]

图 2-18 1920 年初，侨美中国国民外交会职员公宴陈耀垣（二排左七）、梁秉彝等合影。

为反对巴黎和议，美洲华侨组织侨美中国国民外交会。陈耀垣被推为游埠专员，联络美国及中南美各国华侨，并搜集材料印行专刊，向美国参众两院议员、传媒及各方名流极力呼吁主持正义。

This is a group photo taken when staff of the *qiaomei zhongguo guomin waijiao hui* (Chinese National Welfare Society in America) entertained Chan Yew Foon (second row, seventh from left) in early 1920.

To argue against the agreement reached in Paris Peace Conference, Chinese National Welfare Society in America was founded. Chan Yew Foon was a member of the central executive board, who appealed the US congressmen, media and celebrity to uphold justice.

图 2-19、陈耀垣在华盛顿国会大厦前留影。

第一次世界大战结束后，英、美、法等所把持的巴黎和会及后签订的和约，不顾战胜国中国政府的强烈要求，将战前德国侵占的山东胶州湾的领土以及路矿等，统统归日本所有，激起中国人民及海外华侨的强烈愤慨。陈耀垣等召集美洲各埠华侨代表于三藩市集会，通电反对；并赴华盛顿谒见美国参议院外交委员会主要官员等，请求援助。

Chan Yew Foon in front of the Capitol Building in Washington.

After World War I, the Paris Peace Conference had agreed to transfer Germany's rights in China's Shandong Province to Japan, which evoked indignation of the Chinese people. Chan Yew Foon and others convened the overseas Chinese in America to rally in San Francisco and cabled the Paris Peace Conference, rejecting the decision. They also went to Washington to meet officials of the US Senate to ask for help.

图 2-20　郑毓秀赠陈耀垣签名照。

郑毓秀（1891-1959），广东新安人，同盟会员，是中国历史上第一位女博士和女律师。巴黎和会中国代表团成员之一，也是当时留法学生组织的重要领袖，她组织留学生到中国代表团驻地游行、请愿，要求代表团拒绝签字。

The autographed photo that Zheng Yuxiu sent as a gift to Chan Yew Foon.

Zheng Yuxiu (1891-1959), a native of Xin'an of Guangdong, was a member of the Tong Meng Hui (Chinese Revolutionary Alliance), the first female doctor and lawyer in Chinese history, member of the Chinese delegation to the Paris Peace Conference. She was a leader of the overseas Chinese students in France and organized parades and petitions requesting the Chinese delegation not to sign the agreement.

二 第二次护法与中央筹饷会

2. The Second Constitutional Protection Movement and the Central Fundraising Bureau

1919 年 10 月 10 日，孙中山将中华革命党改组为中国国民党，废除旧总章，采用新规约，以"巩固共和，实行三民主义"为政纲，领导革命运动继续深入开展。

1920 年，美洲中国国民党总支部改称为"中国国民党驻三藩市总支部"，总支部为援闽粤军回粤驱逐桂系军阀，发动美洲同志筹助军饷，为数约达大洋五十万元之巨。[44] 陈耀垣等奉命组织救粤义捐局筹集捐款，以助军需，[45] 11 月 18 日，孙中山致函加拿大、三藩市、古巴、墨西哥暨美洲各处华侨，称赞华侨同志"方事之殷，解囊助饷，不遗余力，士马既获饱腾，战斗更增勇壮。"函中还动员华侨继续劝助军饷出兵广西，荡平桂系，推行新政，以"造两粤成民治首善之区"。[46]

援闽粤军陈炯明部讨伐桂系军阀军事行动取得节节胜利，1920 年 10 月 29 日，粤军进入广州，结束了桂系对广州四年的统治。11 月 25 日，孙中山偕伍廷芳、唐绍仪等离沪赴粤。11 月 28 日，孙中山在广东省署欢迎宴会上发表演说，指出中国必须统一，"唯以民治为统一方法"，这次回粤"于广东实行建设，以树全国之模范，而立和平统一之基础。"[47] 1921 年 4 月 7 日，国会非常会议参众两院联合会在广州举行，通过《中华民国政府组织大纲》，选举孙中山为大总统。5 月 5 日，孙中山在广州宣誓就职，并发布宣言，对内提出政制上实行分权自治，经济上发展实业、保护平民，外交上讲信修睦，平等和平，号召各界人士"各尽所能、协

力合作"。[48] 对外则指出外国列强应"承认为中华民国唯一之政府"，并强调尊重外国列强"正当取得之合法权利"，提倡"开放门户主义"，"欢迎外国之资本及技术"。[49]

粤局初定，对革命军饷及建设资金需求迫切而巨大，"虽有效命疆场之士，不能无慷慨捐输之人"，孙中山电促陈耀垣回国，发挥其劝募筹款之长才。[50] 5 月，陈耀垣被委任为中国国民党本部特设办事处总务科干事。[51]（图 2-21）7 月 31 日，当时已身在广州的陈耀垣又获委任为中国国民党驻三藩市总支部总干事。[52] 但他并没有马上启程赴美就职，因为"时适政府筹划北伐，需饷孔殷，又奉总理委充中央筹饷会主任，故未便首程。在美党务，幸刘芦隐、黄子聪两先生先后署代，苾筹硕划，宏济巨艰，卓著成绩。"[53]（图 2-22）

1921 年 8 月，陈耀垣牵头发起成立中央筹饷会，筹饷北伐。并逐一致函海外侨领及党务中坚邀请具名发起及赞助。如 8 月 17 日，他便致函曾任南洋英属七州府教育总会议长的陈安仁称："本会呈奉政府核准设立，筹集饷项提供大总统戡乱图治之用。现拟借重鼎力赞助一切，如蒙俯允，即将芳名刊入发起人之列，以利进行而收宏效。"[54] 中央筹饷会正式成立时，发起人由陈耀垣领衔，包括区慎刚、陈楚楠、林直勉、郑螺生、李是男、陈安仁等 34 人，赞助人则包括谢英伯、谢良牧、吴铁城、李思辕、黄伯耀、冯自由等 24 人，发起人及赞助人多为颇得海外华侨拥戴的资深侨务、党务主管。中央筹饷会会址设于广州市南关二马路四十三号三楼，

图 2-21　1921 年 5 月，任命陈耀垣为中国国民党本部特设办事处总务科干事的委任状。

1920年，陈耀垣等在美国组织侨美救粤义捐总局筹集巨款，以助军需。1921 年 5 月，孙中山回粤组织中华民国非常政府，并电促陈耀垣归国。

This is the Letter of Appointment in May 1921 that named Chan Yew Foon as Commissioner of General Affair in the Ad Hoc Office of Guangdong under the Headquarters of Kuomintang.

In 1920, Chan Yew Foon organized *qiaomei jiuyue yijuan zongju* (the Chinese Relief Bureau in America) in America to raise fund for saving Guangdong. In May 1921, Dr. Sun Yat-sen returned to Guangdong to form the Military Government to declare legitimacy over the warlord government in Beijing and took the title of Extraordinary President. He urged Chan Yew Foon to return to China to serve the country.

图 2-22　陈耀垣与程天固（左）合影。

程天固（1889-1974 年），广东中山南朗人，曾任广州市市长，驻墨西哥、巴西大使等。1921 年，由程天固做媒，陈耀垣与欧阳荥女士（1898-1964）在广州结婚。

Chan Yew Foon and Cheng Tiangu (left). Cheng Tiangu (1889-1974) was a native of Nanlang, Guangdong. He was the Mayor of Guangzhou, and Ambassador to Mexico and Brazil. He was the matchmaker for Chan Yew Foon and Ouyang Qiu (1898-1964) and witnessed their marriage in 1921 in Guangzhou.

驻会人员除主任干事陈耀垣外，还包括收支干事邓泽如，撰拟干事林直勉，以及郑螺生、黄馥生、林永伦、邝文亨、黄桓、区慎刚、周之贞等驻会干事。[55] 孙中山批准饬部立案颁布施行的《中央筹饷会简章》规定，中央筹饷会以筹集义捐提供政府北伐及统一民国为宗旨。该会职员一律不支薪金，会务经费由发起人及赞成人义捐，如有不敷，得呈请财政部酌量补助。中央筹饷会所集得之义捐专供大总统孙中山指拨，不得移作别用。根据捐助饷项或劝捐者贡献之大小，由筹饷会呈请政府分别奖励奖章及匾额等。

中央筹饷会全体发起人及赞助人联名发布《中央筹饷会缘起》，号召海内外踊跃捐输，支持北伐：

> 正伪不并存，国家宜统一，此诚吾国民今日之所公认同者也。西南人士，劳心焦思，洒血暴骨，百折不回，以争护法之帜者，其故何欤？在昔君朝王者，力征经营，以有天下，改元定都，号令四方，称之曰正统。其割据一隅不旋踵而覆灭者，曰伪曰僭。民权不张，专制之世固如是也。降及民国，主权在民，国民以监督之权付托议会，议会徇民意以推举元首，由元首出而组织政府，故元首所在地即中央政府所在地。以近史例之，国会及元首所在之地即正统政府所在之地，故中央与地方之区别，不在南北之间也。今我孙大总统，受国民付托，议会推举，正号穗京，与民更始。以桂逆、陆莤渝盟背信，犯我边陲，下令出师，申兹吊伐，渠魁宵遁，桂局底定。中央夷凶拨乱，惟以扶植自治，不欲穷民黩武，专任甲兵，从兹东联闽浙，西会巴渝，北出武汉，以向幽燕，其有不革面洗心，犹凭伪都以祸国者，则九伐以加之，六师以移之，仗至正之名，伸无赦之讨，然后国难可救，民困可苏。故军兴以来，库帑如洗，乡间遭焚劫之灾，人民有剥肤之痛，虽三千飞挽，馈饷维艰，而万众一心，众擎易举，耀垣等身在江湖，心存乡国，救亡念切，讨贼心雄，用特发起中央筹饷会，呈准大总统饬部立案，举办所有筹捐款项，专供大总统北伐及统一国政之用。耀垣等以名誉良心作保，毁家纾难，吾党岂让古人，

输财助边，此责应无旁贷。财散可复聚，国亡不复存。谨叙事由，尚祈踊跃，爰定奖励，以慰贤劳。他日痛饮黄龙之酒，高扬白日之旗，荣誉昭垂乎不朽，而幸福亦共享于无疆矣。[56]

中央筹饷会的成立得到孙中山的大力支持。9 月，孙中山为北伐特组中央筹饷会事特致海内外各埠同志电：

> 文不避艰险，手创民国，迄于今日，已阅十年。无如祸变相寻，而真正之共和犹未实现，早夜以思，悤然如捣。兹者正式政府成立，文复受国民之付托，戡乱建设，责于一身。自当再接再厉，澄清宇内，以免国政之蜩螗，解人民之困累。今桂贼就歼，西南奠定，正宜移师北指，扫荡群魔。顾六师一发，饷糈宜充，百政待兴，费用尤钜。热心之士，特组织中央筹饷会，筹集义捐，以济国家之急，业经政府批准。凡我国人，务宜合力共进，踊跃捐输，以助成统一，毋令全功归于一篑也。[57]

中央筹饷会成立前后，陈耀垣等还逐一致函国民党海外各埠支分部部长及爱国侨团领袖，言辞恳切邀请担任筹饷干事，建立海外筹饷网络，扩大成效。[58] 如 1921 年 9 月 30 日，陈耀垣致函南洋陈安仁请任筹饷会干事，并接受陈安仁推荐向山打根埠林文澄、关沃光、刘朝合等发出干事请任书。[59] 1922 年 4 月 24 日，陈耀垣、邓泽如致函苏福称："素仰先生热心救国，任事勤劳，用特请任为本会干事，务希鼓励侨胞，力为输助，俾军需有赖，以利戎机，扫穴犁庭，早除元恶，临颖颖神驰，无任企祷。"[60] 孙中山亦于同年 5 月 1 日致函南洋华侨李源水、杨纯美、饶潜川等呼吁支持中央筹饷会，告以："兹中央筹饷会由发起人等公举干事十人，主持会务，广设募捐员，一面于国内分别募捐，一面函托海外同志，

担任募捐之事，内外合力，共襄进行。夫国家兴亡，匹夫有责，今四百兆同胞以重任付托于我同志，则共同尽力，以解其倒悬，致民国于福利者，即我同志之责也，我同志其力图之。"[61]

台北中国国民党党史馆尚保存不少陈耀垣签名开具的中央筹饷会收据，以及关于筹款的往来函电，具见中央筹饷会成立后，颇得海内外华侨积极响应。（图2-23）

例如新加坡华侨慷慨仗义，尤其是陈安仁等热心公益，设立华侨筹饷局，通过向各华侨社团演说、登报章等，积极鼓励捐输，对于飞机筹款积极提倡，"足征热心救国，讨贼心殷"。[62]越南华侨兴仁社社长黄景南等亦积极开展筹饷工作，"幸得各同志踊跃捐输"，首期已经由台湾银行向中央筹饷会汇回军饷一千大元。[63]

陈耀垣对于海外华侨的踊跃支持大为鼓舞，他也积极写信表示感谢并鼓动继续捐输。如1921年12月19日，陈耀垣、邓泽如致新加坡符养华、陈天一等同志函称："先生等为国效劳，热心公益，本卜式输财之志，为萧何助汉之谋，仗义劝捐，竟集款达港币一千元。令西南同志共坚讨贼之心，冀者元凶早证窃国之罪，非慷慨之事，孰能臻斯。该款经如数妥收，容随汇缴大总统，分别核奖，用酬盛意。"[64]又如同年12月29日，陈耀垣、邓泽如致函印尼华商杨纯美，告以国内"近者川陕滇黔，同声讨贼，三湘百粤，共举义旗"，对他"关怀祖国，慷慨劝捐，并仗义解囊，匡助饷银一千元（港银），以纾政府筹措之困"表示殊深景仰之意。[65]再如1922年6月7日，陈耀垣致南洋同志黄甲元、任生等，感谢汇来军饷港银三千四百六十五元七毛六仙；告知北伐进展："兹者孙大总统率师援赣，军行所至，遐迩争迎，连日克复龙南、虔南、定南、大庾岭、南安、信丰、赣州各要隘，由此势如破竹，奠定中原，可立待也。此最可为我侨胞告慰之快事也。"函中期待南洋华侨继续"飞刍挽粟，接济源源，使士饱马腾早除国贼为幸！"[66]除了积极筹办经营中央筹饷会外，陈耀垣又奉命与邓泽如、陈楚楠等筹备实业银行，以助军需。[67]（图2-24）1921年10月15日，陈耀垣获委任为总统府秘书处科员。[68]（图2-25）1922年5月5日，再获孙中山任命为总统府秘书。[69]（图2-26）

历史的发展常常不是那么尽如人意。孙中山第二次在广东建立政

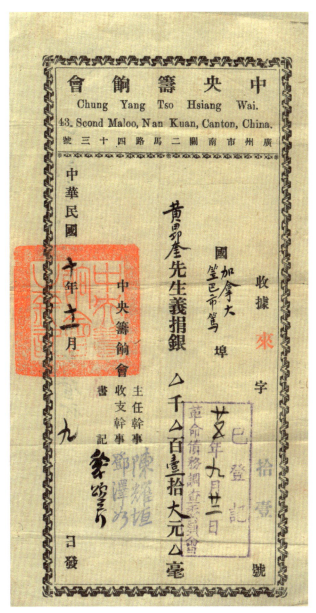

图2-23　1921年11月，中央筹饷会发给加拿大华侨黄昂奎的捐银收据。（江门市博物馆提供）

The receipt for the donation of Huang Angkui, an overseas Chinese in Canada, from the Central Fundraising Bureau. (Jiangmen Municipal Museum.)

耀垣先生同志惠存

邓泽如赠 戊年 四月 念三

POWKEE & SONS
上海宝记
SHANGHAI

图 2-24 1928 年 4 月 23 日，邓泽如赠陈耀垣签名照。
为筹募北伐饷项，除筹组中央筹饷会外，陈耀垣又奉命与邓泽如、陈楚楠等筹备实业银行。
The autographed photo that Deng Zeru sent as a gift to Chan Yew Foon in April 23, 1928. Besides organizing the Central Fundraising Bureau, Chan Yew Foon was also under orders to prepare for the establishment of Industrial Banks with Deng Zeru and Chan Chu-nan to help meeting the needs of military supply.

委任状
第四四号
委任陈耀垣为总统
府秘书处科员此状
中华民国十年十月十五日
总统府秘书长 谢持

图 2-25 1921 年 10 月 15 日，任命陈耀垣为总统府秘书处科员的委任状。
The Letter of Appointment that named Chan Yew Foon as the clerk of the Presidential Secretariat on October 15, 1921.

权，为清除桂系在广西的残余势力，他挥师进军广西，连克南宁、桂林，统一了两广。击溃桂系旧军阀之后，孙中山便着力筹划北伐，讨伐把持北京政府的直系军阀。1922 年 4 月，孙中山回师广东，改设北伐大本营于韶关。此时，孙中山与日益拥兵自重的粤军总司令兼广东省省长陈炯明的矛盾也越发尖锐起来。陈炯明和南方一些力谋自保的军阀一起，高唱"联省自治"，孙中山的革命行动深为掣肘。孙、陈矛盾终于在 1922 年 6 月 16 日凌晨爆发。陈炯明部粤军总指挥叶举等发动兵变，围攻总统府，计划以军事打击，逼迫孙中山及其部队退出广东。

1922 年 6 月 15 日傍晚，孙中山已得到密报消息，总统府内各人均劝孙中山迅速离开总统府。陈耀垣得总统府秘书长谢持密告叛军今晚必来，亦赶忙登观音山粤秀楼，劝孙中山暂避，以策安全。[70] 孙中山最初认为"此不足惧，纵令逆军敢于围攻，而粤秀楼决能无恙。"[71] 后经过宋庆龄及各同志再三婉求，孙中山才同意先离开总统府。时陈耀垣担任总统府秘书主持机要，常于夜间治事，当陈部叛军变乱围攻总统府时，他携密电码避于粤秀楼通往总统府的天桥下，自觉"既许身于党于国，义无暇豫，因追随总理，共同患难"。[72]（图 2-27）

　　孙中山脱险后，据守泊于珠江的永丰舰（后改名"中山舰"）率领海军各舰和长洲炮台部队抗击叛军，讨伐陈炯明。陈耀垣避走香港，与邓泽如等设法筹款，以济军需，前后筹得数万元。[73] 当时海军煤饷缺乏，形势危急，他设法收集款项购置燃煤等物资，以资接济。他又与广东省银行行长程天斗密商，请其将纸币运入战舰，以备不虞。程虽允诺，但仅运到未发行之五角新币，海军卒因饷械不继，无法维持而转附陈炯明叛军。[74] 陈炯明拿出大量金钱来收买海陆军将领，海军中海圻、海琛、肇和三艘大型军舰被收买离开。孙中山电令入赣的北伐部队迅速班师回粤，又陷入陈炯明和直系军阀的前后夹攻。孙中山被逼再次离开广州，第二次护法运动又告失败。

图 2-26　1922 年 5 月 5 日，任命陈耀垣为总统府秘书的简任状。

On May 5, 1922, Chan Yew Foon was appointed as the Secretary of the Presidential Palace.

图 2-27　在陈炯明部叛变炮轰中夷为平地的总统府旧貌。
1922 年 6 月，陈炯明叛变，当时在总统府负责机要的陈耀垣即登观音山（今广州越秀山）与诸同志力劝孙中山暂避。陈耀垣脱险后避走香港，与邓泽如等设法筹款，购置燃煤，以济军需。

This photo shows the old scenes of the Presidential Palace, which had been shelled to the ground in the Chen Jiongming rebellion.
In June 1922, Chen Jiongming decided to rebel against Dr. Sun Yat-sen. Chan Yew Foon, who was in charge of confidential work in the Presidential Palace at the time, went to Guanyin Hill (now Yuexiu Hill) and urged Dr. Sun Yat-sen to take shelter. He himself went to Hong Kong after escaping from Guangzhou and managed to raise funds there with Deng Zeru, for the purchase of coal to meet the needs of military supply.

三 主持国民党美洲党务

3. Party Affairs of Kuomintang in the America

虽然革命形势暂时处于低潮，但孙中山愈挫愈勇，策划重建广东革命根据地。考虑到"惟继续协筹军饷，源源接济，与其他重要事项，亟需与海外诸同志通力合作者多端"[75]，在孙中山离粤后，陈耀垣遂奉命返回美国接任驻三藩市总支

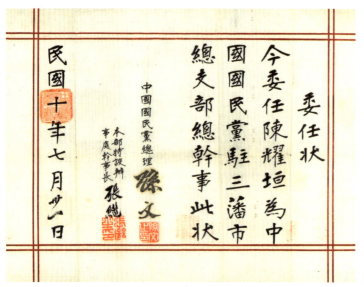

图 2-28　1921 年 7 月 31 日，委任陈耀垣为中国国民党驻三藩市总支部总干事的委任状。因时值政府筹划北伐，陈耀垣奉命留粤主持筹饷，故至 1922 年 11 月才赴美接任。

In July 31, 1921, Chan Yew Foon was appointed as the Secretary-General of the Kuomintang General Branch in San Francisco that supervised all party branches in the Americas. As he was organizing the Central Fundraising Bureau in China, he only assumed his post in November 1922.

部总干事，主持美洲党务。(图 2-28)他在致黄挺生函中自道："垣此次奉总理命来美视事，驽骀负重，陨越殊虞，只以时事艰危未敢暇豫，姑勉竭愚昧，共济艰巨，用慰总理坚贞蒙难之苦心，稍戢叛逆当途之凶焰，以求正义最后之胜利，国事党事实嘉赖焉。愿与我同志共勉之。"[76]

1922 年 8 月，孙中山电令国民党驻三藩市总支部："现有新势力，将大发动，惟非廿万元不办，请贵处分任速筹数万，以免功亏一篑。"[77]而相关"催饷之电，急如星火，接济之责，义不容辞。"[78]陈耀垣自述"甫抵美，总理复电令筹款，乃设立国民义捐局，极力筹募，继续接济，现中央革命债务委员会尚存有当时数种收据，由耀垣手签，尚可覆按也。"[79]11 月 6 日，陈耀垣与国民党驻三藩市总支部代理总干事黄子聪交接，在黄子聪看来，陈耀垣"既感总理之知遇，又为美洲老同志，笃厚勤慎，经验宏富，想裨益党务，当非浅鲜。"[80]11 月 16 日，陈耀垣发出《国民党驻三藩市总支部通告（党字第四十六号）》，叙述奉命接任总干事经过，并表明："垣遵于十一月六日上午九时接理部务，但垣学识谫陋，经验肤浅，肩斯重巨，又值国家多事之秋，殊虞陨越。惟既奉总理郑重委托，何敢偷豫，谨勉竭愚诚，誓死效忠而已。亟愿我亲爱同志，时锡南针，力匡不逮，靳于党务有所刷新，即国事稍资补救，则非独垣一人之幸也。"[81]（图 2-29）

中国国民党驻三藩市总支部是国民党在美洲的总机关，成立时所辖区域不独全美洲尽在范围之内，即澳洲、利物浦、

图 2-29 陈耀垣（左一）与同志合影于国民党驻
三藩市总支部门前。

陈炯明叛变后，孙中山回到上海。1922 年 11 月，
陈耀垣返美接任国民党驻三藩市总支部总干事，主
持美洲党务。

Chan Yew Foon (first from left) with comrades
in front of the Kuomintang General Branch in
San Francisco after assuming office in November
1922.

Dr. Sun Yat-sen went to Shanghai after escaping
from Guangzhou in the Chan Jiongming rebellion.
Chan Yew Foon went to the America to assume
office in the Kuomintang General Branch in San
Francisco in November 1922.

非洲等均隶属其内，区域分布散漫无际，指令运用不灵，办事难于周到。1919 年 8 月林直勉奉孙中山命赴美主持党务，呈请国民党本部将横滨、澳洲、非洲等之机关改划归本部直辖，全美洲所属各国除加拿大已另设总支部外，悉统辖于驻三藩市总支部，所统辖之分部通讯处，不下二百埠。[82]1924 年前后，驻三藩市总支部统辖机关包括 3 个支部、127 个分部、5 所学校、46 处通讯社及 178 个书报社，计旅美同志合数约 15000 余人。[83] 按《中国国民党海外支分部通则》规定，所辖海外支部诸如关于交通、党务、财政，须受总支部党务部、财政部之区处。海外支部与总支部，或支部与分部，有责任不明瞭，或有争执时，应提出由本部或总支部审定。[84] 国内有大员往美洲视察及革命同志到三藩市等地活动，总支部也配合组织接待等。如 1922 年 12 月，上海永安公司刘生初、李业棠等前往欧美调查新出货品，并欲顺道拜候同志，联络

感情及报告国事等，孙中山便曾具函致陈耀垣等介绍接洽。[85] 其时驻三藩市总支部职员，主要包括：总干事陈耀垣，总务课主任黄启文，会计课主任黄滋，干事黄国恩，调查课主任李道本，宣传课主任李钧衡，理事会成员刘涤寰、陈泽三、郑占南、龚显裔、周敬、高廷槐、张咏廉。[86]

1922 年底，滇、粤、桂各军在广西白马会盟组成各路讨贼军，遵照孙中山的指令誓师讨伐盘踞粤垣的陈炯明。1923 年 1 月 15 日，陈炯明见大势已去，通电宣布下野，并于 1 月 16 日逃往惠州。1 月，国民党本部向海外各支部及通信处发出通电，通告孙中山拟回粤重建革命政府。1 月 25 日，陈耀垣发出《国民党驻三藩市总支部通告（党字第五十四号）》转发国民党本部通电之外，还号召海外同志：

总理既定期回粤主持，胡公汉民即日就省长职。

百粤河山，新添异彩，三千万民，重睹青天，喜可知也。民政方面，得人有庆；军政方面，虽政桂系现颇活动，有谋攫事权之势，谅总理与许军长等抵粤后，戎机总揽，居中镇慑，当能正本清源，杜厥萌蘖，幸勿过念。惟希鼓勇前进，裕济饷源，即余孽次第芟除，根本日趋巩固，前途发展，正未有艾。[87]

在《通告》中，陈耀垣还号召各支部支持胡汉民任广东省省长，就近联络侨界，用中华会馆或华侨团体名义（不必用国民党名义）向广东报界发表转胡汉民公开电报，表示海外华侨一致推重之诚意，"党内他系怀野心者，知民气之不可侮，民意不可拂，而稍戢其焰，俾补大局，良非浅鲜，希密速而善图之。"并主张支持孙中山回粤、胡汉民主持省政后，"厉行军政，以党治国，铲除后患"。[88]陈耀垣亦以三藩市全体同志名义发电报给孙中山表示拥护胡汉民为广东省省长，电文云："捷音传达，全侨欢跃，恳转前敌贺捷并致意慰劳。民困待苏，省防贵得人，同志一致主张拥展堂先生出任，恳顺侨意，代加敦促。"[89]2月下旬，孙中山回到广州，在东郊农林试验场宣誓就大元帅职，第三次开府广州。他发表演说，强调刷新吏治，化兵为工，建设和平"真统一"。

孙中山清醒地认识到，只有主动征讨东江讨伐陈炯明，才能稳定广东革命政权，顺利开展改组国民党、创立革命军等工作。4月，孙中山致电三藩市总支部，嘱火速将存放旧金山的飞机付运到香港。[90]6月，孙中山再致三藩市、加拿大、悉尼等海外各总支部，告以广州支部因讨伐沈鸿英、陈炯明两逆，军饷紧急，无力支援上海本部，敦促海外各总支部将所属年捐党金尽快全数点回到上海本部，以资接济。[91]孙中山致电海外党部及华侨，告以在广东西江、北江、东江三江连月用兵，"财政已困，非海外同志再行努力维持，诚恐功亏一篑。务望转告美属、加拿大、及中南美洲、古巴各埠，

协力筹款，以济急需。此款作为借债，粤局定后，当由政府偿还，此为最后之奋斗，务期各尽所能，幸甚。"7月7日，陈耀垣发出《国民党驻三藩市总支部通告（党字第九十八号）》，转发孙中山上述通电，并号召海外同志支持：

总理深知我美洲同志，连年筹济巨饷，故对于此役苟可支持无匮，决不向海外求捐。而本总支部仰体斯意，亦复未敢烦扰，俾各休养生息，稍裕金融。今迫于军糈奇绌，无法挪移，总理乃始有冬电之商借，第吾人为国输将，总期国基克奠，原非望还。望我同志诸君，仰体总理为国奋斗之热诚，慨念义军身临前敌之艰苦，努力筹捐的款，汇交本总支部转汇。使士饱马腾，余氛早荡，以竟吾人护国救民之全功。无任盼切，特此布达。[92]

陈炯明的叛变及妄图卷土重来，激起海外华侨的愤懑，美洲华侨捐助军饷支持讨伐叛军尤为踊跃，"讨陈炯明之役，合计全美前后约数为三十万元。又同时筹办飞机十二架，购办各种军用品，训练飞机师十一人，共款五十余万元。"[93]

陈耀垣任内积极整顿、巩固及拓展美洲党务，大力发展新党员，转换美洲党员证书，并发行楼业公债美金五万余元。1923年4月，因驻三藩市总支部办事所一向设于西人楼宇，与华埠相隔太远，陈耀垣等主持将总支部办公处迁至位于三藩市唐人街最繁华的士得顿街(Stockton St.)844号四层楼宇，大大便利办事进行及同志到访。[94]驻三藩市总支部经常举办侨胞社团活动，提高侨胞的团结及爱国精神。陈耀垣夫人欧阳荣也时而组队参加，曾获奖赠"品重圭璋"奖状。[95]（图2-30）

台北中国国民党党史馆藏"环龙路档案"中保存不少陈耀垣与国民党总务部部长彭素民往来处理党务的函电，举凡诸如党员的发展与清除、党务机关的设立与关系、党务干部的推荐与任免、与上海总部间的文件往来（缴解党金、年捐、

图 2-30　三藩市国民党分部奖赠陈欧阳莱"品重圭璋"奖状

驻三藩市总支部经常举办侨胞社团活动，提高侨胞的团结及爱国精神。陈耀垣夫人欧阳莱也时而组队参加，曾获奖状。

This is the certificate of award to Mrs. Chan Ouyang Qiu, wife of Chan Yew Foon, for engaging in the exchange activities with overseas Chinese to enhance patriotism and the spirit of solidarity among overseas Chinese communities.

愿书、案牍、领取证书等）以及侨胞侨务调查事宜、推行海外华侨商民运动等均有涉及。1923 年 6 月，居正母亲去世，陈耀垣汇款拜托彭素民代办"慈祥远荫"挽幛，以表同仁哀思。[96]1923 年 4 月，孙中山致函三藩市总支部，告以汪精卫夫人陈璧君及其弟陈耀祖等到美国筹款建设执信学校，请诸同志热心捐助，广为劝募。[97]7 月，驻三藩市总支部派员赴美国各埠、古巴、加拿大等处，协助筹款建筑广州朱执信先生纪念学校。8 月 20 日，陈耀垣致函国民党本部党务部副部长孙镜，感谢其赶寄国民党员证书二千份备用，可见驻三藩市总支部新党员发展甚具规模。[98]陈耀垣对孙中山至为敬仰，对破坏国民党、诋毁孙中山声誉者深恶痛绝。例如 1923 年墨西哥支部党员中"有志行薄弱之辈，不辨邪正曲直，竟受敌党惑，遗〔违〕反党规，诋毁总理，实属狂妄已极，若不严予斥革，终为害群之马，有碍党务进行。"对于此类党员，陈耀垣认为需从严处理，革除党籍。[99]（图2-31）对于华侨事务，尤多关注支持。例如针对美国苛禁侨民入境，乘船新到美国的华人男女学生商人等均批拨回籍，强邻篱下，呼吁无门的情况，1924年7月陈耀垣便曾致函各团体寻求设法援助，提倡文明对待。[100] 同年，陈耀垣又为美国归侨胡梓和在广东开平被驻防赤坎的高雷绥靖处长林树巍诬良为匪，并遭勒索五千元，含冤莫白一事，致函孙中山称：林树巍等所为"诚非我总理保民如赤之本旨"，"敬恳饬属查明究办，以彰国法而挽嚣风为幸。"孙中山获悉后批示林树巍"即严饬所属，将该案原委办理情形详细呈报，以凭核办。"[101]

陈耀垣主持国民党驻三藩市总支部期间，各地同志同心协力，共策进行，"党务发展，一日千里，足慰总理期望之殷"。其具体情况，或可于以下表格略窥一斑：

而美洲华侨对于历次国内革命事业，无不竭力输将，对于救国事业，亦可谓尽忠竭力，据曾任驻三藩市总支部总干事的刘芦隐初步统计，1911-1924年间为国内革命和建设所筹募的军饷款项总数达共逾三百六十余万元。[104]

1924年1月20日，中国国民党第一次全国代表大会在广州隆重召开。孙中山致开幕词，指出要把国民党再来组织成一个有力量有具体的党，用政党的力量去改造国家。陈耀垣代表驻三藩市总支部致电："恭祝大会成功"；又为大会题写"前途发达"题词。[105] 陈耀垣身在海外，十分关心中国国民党的前途。同年4月30日他在致廖仲恺函中写道："吾党历年之失败，全在倒重政治，轻视党务，不宣传从社会中潜植势力，以故十余年未获国人暸然于吾党主义而实行加入也。兄今毅然辞官，专理党务，可谓知所先着，将来得群众之同情，完成主义实不难也。"[106]（图2-32）陈耀垣担任驻三藩市总支部机关报《少年中国晨报》董事[107]，他认为"党

年份	通告	电报（封）		函件（封）		机关增加（处）		收入款项（美元）		发出证书（份）	
1922年11月-1923年6月[102]	13	收入	95	收入	1538	分部	5	救国特别义捐	50006.38	新入党员	608
		发出	364	发出	4120	通讯处	5	基本金	3270.38	换证	303
								本部年捐	1482.71		
								总支部经费	3629.81		
								楼业公债	12630		
1924年[103]	18	收入	105	收入	1503	支部	1	各项合计	33947.12	新入党员	1259
		发出	625	发出	5377	分部	3			换证	1355

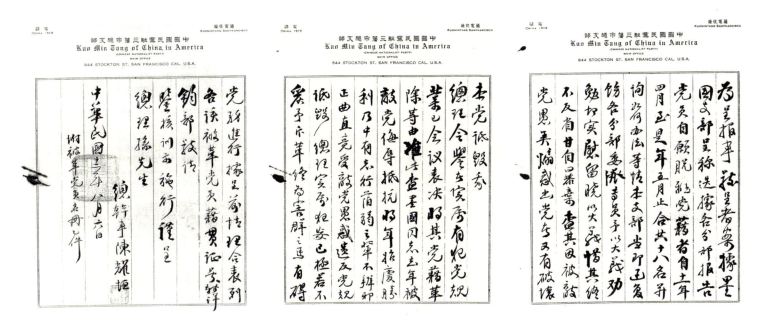

图 2-31　1923 年 8 月 6 日，陈耀垣呈孙中山函，报告墨西哥支部党员中有志行薄弱之辈，受敌党愚惑，违反党规，诋毁总理，需从严处理，革除党籍。（台北中国国民党文化传播委员会党史馆藏）

A letter from Chan Yew Foon to Dr. Sun Yat-sen on August 6, 1923, stating that a few members in Mexico branch have broken the party discipline and should be expelled from the party. (Kuomintang Party Archives, Taipei, Taiwan)

务发达，端赖报章宣传，此间少年报风行全美，为吾党在美之言论总机关，惟总编辑一职，至关重要"，因为原总编辑黄二明因家事拟回国，陈耀垣乃请廖仲恺代为物色"熟悉党务才德兼优之老同志"，介绍到三藩市主持《少年中国晨报》笔政。后由孙中山决定，派周雍能主持该报编辑事务。[108]

国民党一大后，孙中山着力筹备成立黄埔军校，培育军事人才，一面继续讨伐盘踞在东江一带的军阀陈炯明，巩固广东革命根据地，一面筹备组织北伐军，讨伐直系军阀曹锟、吴佩孚。他发表《中国国民党北伐宣言》公开说明："此战之目的不仅在推倒军阀，尤在推倒军阀所赖以生存之帝国主义。盖必如是，然后反革命之根株乃得永绝，中国乃能脱离次殖民地之地位，以造成自由独立之国家也。"[109]

1924 年 10 月 1 日，陈耀垣获大元帅孙中山颁发给一等金质奖章，表彰其踊跃发动海外侨胞"踊跃输将，藉济财政之困，促成革命之功"。[110] 按《中央筹饷会简章》，捐款三千元以上或募款一万五千元以上者才可呈请奖给一等金质奖章。（图 2-33）

11 月，孙中山应邀北上"共商国是"，沪上各界团体集合欢迎。陈耀垣发电报嘱美洲中国国民党驻沪通讯处，待孙中山经过上海时，代表美洲国民党总支部全体同志前往欢迎。[111]

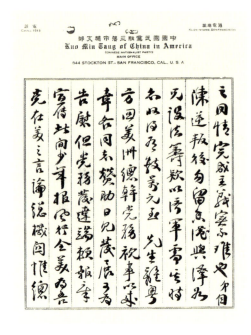

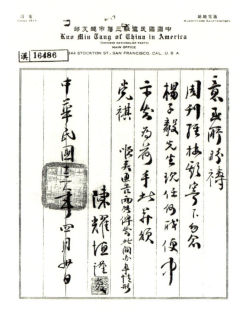

图 2-32　1924 年 4 月 30 日，陈耀垣致廖仲恺函。（台北中国国民党文化传播委员会党史馆藏）

A letter from Chan Yew Foon to Liao Zhongkai on April 30, 1924. (Kuomintang Party Archives, Taipei, Taiwan)

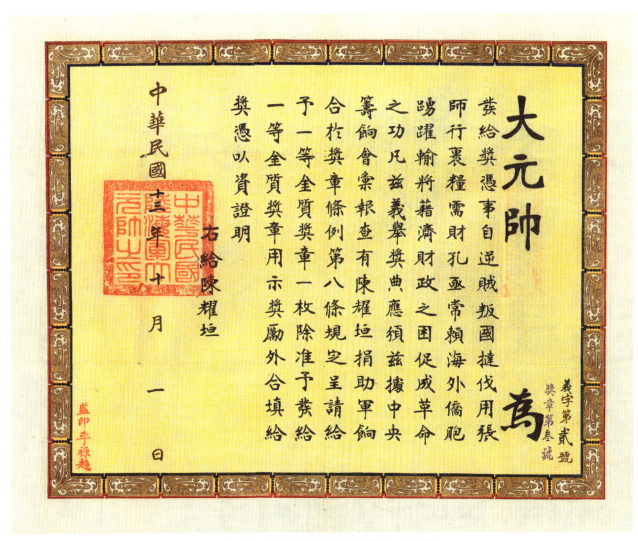

图 2-33　1924 年 10 月 1 日，大元帅孙中山为表彰陈耀垣踊跃筹募军饷，促成革命之功，颁发给陈耀垣一等金质奖章。

On October 1, 1924, Generalissimo Sun Yat-sen awarded a First-Class Gold Medal to Chan Yew Foon, in recognition of his contribution in raising fund for the revolutionary cause.

四 纪念孙中山逝世与参加奉安大典

4. Memorizing the Death of Dr. Sun Yat-sen

1925 年 3 月 12 日上午 9 时 30 分，孙中山于北京铁狮子胡同行辕去世，享年 59 岁。（图 2-34）陈耀垣闻讯哀痛不已，随即发给宋庆龄及孙科唁电：

> 孙夫人暨哲生兄鉴：接灵耗，惊悉总理逝世，旅美同人殊深痛悼。望节哀为国自珍。总支部陈耀垣。[112]

孙中山在革命生涯中多次亲临三藩市开展革命运动，筹建革命组织，三藩市华侨及国民党员对孙中山感情特深，对他的去世尤感悲痛。国民党驻三藩市总支部于 3 月 24 日假百老汇街弯月戏院设置礼堂为孙中山举丧，礼堂左右悬挽联"哀予国父，勖尔党人"，赴会者约四千人。[113]（图 2-35）4 月 12 日，国民党驻三藩市总支部举行追悼孙中山先生大会，会场上悬挽联"国亡慈父，党失导师"，同志侨胞赴会者数千人，并于会后举行巡行。（图 2-36、图 2-37）国民党驻三藩市总支部是最早尊称孙中山为"国父"的海外支部之一。

孙中山去世后，国民党中央党部呼吁海外各党部同志及华侨捐款购置飞机及建筑纪念堂。4 月，陈耀垣发出《国民党驻三藩市总支部通告（党字第九十五号）》，转达中央党部呼吁海外各党部同志募捐购置飞机二十架以纪念孙中山。飞机上将书名"某埠党部纪念总理"字样，每架飞机约 1 万元。驻三藩市总支部号召下属各分部在 4 月 12 日召开孙中山追悼会时，"务须尽力劝捐，期集巨款，如能自购一架固佳，否则请尽数缴来本总支部汇款合购，以留纪念。"[114]半月之后，陈耀垣再发出《国民党驻三藩市总支部通告（党字第九十七号）》，通告关于飞机及纪念堂募款，海外限至 9 月 1 日截止。建筑纪念堂捐款，团体或个人凡捐 500 元者，勒名立石。号召凡我同志，在孙中山去世之后，更应恪遵遗嘱，努力奋斗，大举征求新党员，俾党势益加发展。至于购置飞机及建筑纪念堂捐款，亦望尽量募捐，将来当必把捐款成绩汇报中央党部，请予照章给奖。[115]8 月 8 日，鉴于在广州建筑先总理纪念堂及购买飞机两事，各处捐款仍属有限，而海外捐款截止期限转瞬将届，乃再发出《国民党驻三藩市总支部通告（驻字第十二号）》，呼吁：

> 吾人对于先总理固极尽爱戴之热忱，而对于纪念总理事业，又安能恝置，若不急集巨款，以完成此种伟大事业，又何以阐扬我美洲同志之义烈。为此特再行通告，仰各部处同志，立即设法尽力劝捐，务得最优之成绩，迅解来部，以便依期汇回，幸勿延缓，是为至要。[116]

4 月，陈耀垣发出《国民党驻三藩市总支部通告（党字第九十五号）》，为筹备召开驻三藩市总支部各部处代表大会，商议美洲党务发展、改组等事宜征求意见。[117]孙中山去

图 2-34 陈耀垣保存的孙中山遗照。这是孙中山治丧期间，国民党中央向各界赠送的遗像标准照。

The photo of Dr. Sun Yat-sen that Chan Yew Foon kept. This is the photograph that was distributed by Kuomintang during Dr. Sun Yat-sen's funeral.

图 2-35 1925 年 3 月 24 日，国民党驻三藩市总支部及分部于百老汇街弯月戏院设置礼堂为孙中山举丧。

国民党驻三藩市总支部是最早尊称孙中山为"国父"的海外支部之一。

The General Branch and Divisions of Kuomintang in San Francisco mourned over the death of Dr. Sun Yat-sen at a theatre in Broadway, San Francisco on March 24, 1925. The Kuomintang General branch in San Francisco is one of the earliest overseas branches to regard Dr. Sun Yat-sen as the "Father of Modern China".

世，美洲同志"痛导师之丧失，凛责任之艰巨"，于是大力发展党员，据说新进党员达四千余人。[118]

1929 年 5 月，陈耀垣代表驻三藩市总支部回国参加在孙中山奉安大典。5 月 28 日，国民党中央委员、国民政府委员及各特任官、外宾、各团体代表等齐集南京浦口火车站恭迎从北京南下的孙中山灵榇，陈耀垣在迎榇行列，并

留存照片。[119]（图 2-38、图 2-39）当晚，国民党及国民政府要员开始在国民党中央党部礼堂轮班为孙中山守灵，守灵以 3 人为一班，共 22 班，第一班为蒋介石、谭延闿、胡汉民，陈耀垣与刘纪文、张静江编为第四班，每班 4 小时分班轮值，直至 6 月 1 日奉安日为止。[120]驻三藩市总支部组织华侨举行总理奉安典礼纪念大会，会后在市区举行巡游活动。陈耀垣

图 2-36　1925 年 4 月 12 日，中国国民党驻三藩市总支部追悼孙中山先生大会会场。台上二排左六为陈耀垣。

The memorial service of Dr. Sun Yat-sen, organized by the Kuomintang General Branch in San Francisco on April 12, 1925. The sixth from left in the second row is Chan Yew Foon.

图 2-37　1925 年 4 月 12 日，中国国民党驻三藩市总支部追悼孙中山先生大会后举行巡行。图为
陈耀垣保存的巡行照片。

The Kuomintang General Branch in San Francisco held a parade after the memorial service of
Dr. Sun Yat-sen on April 12, 1925. These are pictures of the parade kept by Chan Yew Foon.

图 2-38　陈耀垣（中）在奉安大典期间的留影。1929 年 5 月，陈耀垣代表驻三藩市总支部回国参加在孙中山奉安大典。

Photo of Chan Yew Foon (middle) at the Grand Funeral of Dr. Sun Yat-sen.

On behalf of the Kuomintang General Branch in San Francisco, Chan attended the Grand Funeral of Dr. Sun Yat-sen which reinterred the body of Dr. Sun from Beijing to Dr. Sun Yat-sen Mausoleum in Nanjing in May 1929.

图 2-39　1929 年 5 月 29 日，国民党中央委员及国民政府官员齐集南京浦口火车站恭迎孙中山灵榇。图左十为陈耀垣。

The Kuomintang Central Committee and officials of the National Government gathered at Pukou train station of Nanjing on May 29, 1929, waiting respectfully for the coffin of Dr. Sun Yat-sen. Chan Yew Foon was at the tenth from the left.

一直珍藏着孙中山奉安期间长城画片公司剧务部冲印发行的孙中山奉安大典系列照片等，寄托他对中山先生无尽的怀念与敬仰。（图2-40、图2-41）

图 2-40　陈耀垣保存的浙杭都锦生丝织厂监制的孙中山像。
The brocades of Dr. Sun Yat-sen which were kept by Chan Yew Foon.

图 2-41　陈耀垣保存的部分长城画片公司剧务部冲印的孙中山奉安系列照片。

Photos of the Grand Funeral of Dr. Sun Yat-sen that Chan Yew Foon kept.

注释：

1　刘芦隐：《中国国民党驻三藩市总支部党务报告》（1924 年 1 月 28 日），台北，中国国民党文化传播委员会党史馆藏（以下简称"党史馆藏"），汉口档案，汉 12947。参见冯自由：《海外各地中国同盟会史略》，《革命逸史》（中），新星出版社 2009 年版，第 748 页。又参见冯自由：《新小生李是男》，《革命逸史》（上），第 357 页。

2　《陈耀垣自传》（稿本），1945 年 6 月 6 日，中山故居藏，第 1 页。

3　冯自由：《海外各地中国同盟会史略》，《革命逸史》（中），第 748 页。又参见冯自由：《新小生李是男》，《革命逸史》（上），第 357 页。

4　《陈耀垣自传》（稿本），1945 年 6 月 6 日，中山故居藏，第 1 页。参见《中国国民党驻美国总支部历年党务概要》，约 1933 年刊印，珠海市斗门区博物馆藏，第 1–2 页。

5　《陈耀垣自传》（稿本），1945 年 6 月 6 日，中山故居藏，第 2 页。

6　刘芦隐：《中国国民党驻三藩市总支部党务报告》（1924 年 1 月 28 日），台北，党史馆藏，汉口档案，汉 12947。

7　刘芦隐：《中国国民党驻三藩市总支部党务报告》（1924 年 1 月 28 日），台北，党史馆藏，汉口档案，汉 12947。

8　参见《中国国民党驻美国总支部历年党务概要》，第 2 页。

9　〔美〕刘伟森主编：《全美党史：中国国民党历程与美国党务百年发展史》（上册），中国国民党驻美国总支部 2004 年出版印行，第 95 页。

10　革命纪念会编：《广州三月二十九革命史》，上海民智书局 1926 年 10 月版，第 3 页。

11　孙中山：《孙文学说》，黄彦编：《孙文选集》（上），广东人民出版社 2006 年 11 月版，第 100 页。

12　革命纪念会编：《广州三月二十九革命史》，第 3 页。

13　革命纪念会编：《广州三月二十九革命史》，第 4 页。

14　孙中山：《致邓泽如等函》，《孙中山全集》（第 1 卷），第 504 页。

15　革命纪念会编：《广州三月二十九革命史》，第 17 页。

16　《陈耀垣自传》（稿本），1945 年 6 月 6 日，中山故居藏，第 2 页。

17　革命纪念会编：《广州三月二十九革命史》，第 18 页。据刘芦隐：《驻三藩市总支部党务报告》（1924 年 1 月 28 日，台北，党史馆藏，汉口档案，汉 12947）记："辛亥三月廿九广州之役，时同志为数甚少，故仅得美金六万余元。"

18　孙中山：《孙文学说》，黄彦编：《孙文选集》（上），第 100 页。

19　《陈耀垣自传》（稿本），1945 年 6 月 6 日，中山故居藏，第 2 页。

20　参见《美洲金山国民救济局革命军筹饷征信录》（内页骑缝题名为《美洲中华革命军筹饷征信录》），《大同日报》社 1912 年铅印本，中山故居藏。又参见邹佩丛：《美洲中华革命军筹饷局筹款情况研究——以〈美洲金山国民救济局革命军筹饷征信录〉为中心》，中国史学会编：《辛亥革命与二十世纪的中国》（下），中央文献出版社 2002 年 8 月版。据刘芦隐：《驻三藩市总支部党务报告》（1924 年 1 月 28 日，台北，党史馆藏，汉口档案，汉 12947）记："武昌起义之役，时同志仍属不多，故约数得十万余元。"

21　《陈耀垣自传》（稿本），1945 年 6 月 6 日，中山故居藏，第 2 页。

22　《中国国民党驻美国总支部历年党务概要》，第 2 页。

23　《陈耀垣自传》（稿本），1945 年 6 月 6 日，中山故居藏，第 2–3 页。

24　孙中山：《致袁世凯电》（1913 年 7 月 22 日），中国社会科学院近代史研究所中华民国史研究室等合编：《孙中山全集》（第 3 卷），中华书局 1984 年 6 月版，第 69 页。

25　刘芦隐：《中国国民党驻三藩市总支部党务报告》（1924 年 1 月 28 日），台北，党史馆藏，汉口档案，汉 12947。林森（1868 – 1943），号子超，福建闽侯县人，为资深国民党元老，赞助革命，颇著功绩，深为孙中山所倚重及海外侨胞信任。

26　参见《中国国民党驻美国总支部历年党务概要》，第 2 页。

27　孙中山：《中华革命党成立通告》（1914 年 9 月 1 日），《孙中山全集》（第 3 卷），第 112、113 页。

28　孙中山：《中华革命党总章》（1914 年 7 月 8 日），《孙中山全集》（第 3 卷），第 97 页。

29 《陈耀垣自传》（稿本），1945 年 6 月 6 日，中山故居藏，第 3 页。

30 参见〔美〕刘伟森主编：《全美党史》（上册），第 26 页。刘芦隐：《中国国民党驻三藩市总支部党务报告》（1924 年 1 月 28 日，台北，党史馆藏，汉口档案，汉 12947）则说"筹款讨袁共得百余万美金，成绩昭著"。

31 刘芦隐：《中国国民党驻三藩市总支部党务报告》（1924 年 1 月 28 日），台北，党史馆藏，汉口档案，汉 12947。

32 邓家彦编：《中国国民党第一次恳亲大会始末记》（封面署英文书名 "THE RECORD OF THE COVENTION OF THE CHINESE NATIONALIST IEAGUE IN U.S.A 1915"），美国三藩市中国国民党总支部发行，《少年中国晨报》社印刷，1915 年 12 月 8 日出版，第 26 页。珠海市斗门区博物馆藏。

33 《中国国民党第一次恳亲大会始末记》，第 33 页。

34 《中国国民党第一次恳亲大会始末记》，第 54、58–60 页。

35 《中国国民党第一次恳亲大会始末记》，第 40 页。参见《驻美国总支部党务沿革概要》，《中国国民党在海外各地党部史料初稿汇编》（下篇），中国国民党中央委员会第三组编印（无出版时间），第 21 页。

36 《中国国民党第一次恳亲大会始末记》，第 105 页。

37 孙中山：《致旧金山革命党人电》（1915 年 12 月 26 日），《孙中山全集》（第 3 卷），第 218 页。

38 孙中山：《就任陆海军大元帅布告》（1917 年 9 月 10 日），中国社会科学院近代史研究所中华民国史研究室等合编：《孙中山全集》（第 4 卷），中华书局 1985 年 5 月版，第 140 页。

39 参见孙中山：《致旧金山〈少年中国报〉电》（1916 年 3 月 21 日）、《致旧金山〈少年中国报〉电》（1916 年 3 月 25 日）、《致三藩市少年中国报告决意回国电》（1916 年 4 月 22 日），《孙中山全集》（第 3 卷），第 252、254、276 页。又孙中山：《致三藩市少年中国报商购飞机并盼资遣军事人才效力电》（1916 年 6 月 9 日），秦孝仪主编：《国父全集》（第四册），台北，近代中国出版社 1989 年 11 月版，第 407 页。该函《孙中山全集》未收。

40 《图强飞行有限公司招股部》，美国，三藩市新大陆图书馆印，1918 年。

41 参见《驻美国总支部党务沿革概要》，《中国国民党在海外各地党部史料初稿汇编》（下篇），第 22 页。

42 参见《中国国民党驻美国总支部历年党务概要》，第 5 页。

43 参见《陈耀垣自传》（稿本），1945 年 6 月 6 日，中山故居藏，第 3–4 页。

44 参见《驻美国总支部党务沿革概要》，《中国国民党在海外各地党部史料初稿汇编》（下篇），第 23 页。刘芦隐：《驻三藩市总支部党务报告》（1924 年 1 月 28 日，台北，党史馆藏，汉口档案，汉 12947）则称"粤军由闽回粤之役，时同志最为热心，故结果约得三十万元。"

45 参见陈耀垣：《陈耀垣自传（稿本）》，稿本，第 4 页。

46 孙中山：《致加拿大等处华侨函》（1920 年 11 月 18 日），中山大学历史系孙中山研究室等合编：《孙中山全集》（第 5 卷），中华书局 1985 年 4 月版，第 412 页。该函为分缮加拿大、三藩市、古巴、墨西哥暨美洲各处华侨劝捐军饷的函件。

47 孙中山：《在广东省署宴会的演说》（1920 年 11 月 28 日），《孙中山全集》（第 5 卷），中华书局 1985 年 4 月版，第 429–430 页。

48 孙中山：《就任大总统职宣言》（1921 年 5 月 5 日），《孙中山全集》（第 5 卷），中华书局 1985 年 4 月版，第 531–532 页。

49 孙中山：《就任大总统对外宣言》（1921 年 5 月 5 日），《孙中山全集》（第 5 卷），中华书局 1985 年 4 月版，第 533 页。

50 参见《陈耀垣自传（稿本）》，稿本，第 4 页。

51 《委任陈耀垣为中国国民党本部特设办事处总务科干事的委任状》，1921 年 5 月，中山故居藏。

52 《委任陈耀垣为中国国民党驻三藩市总支部总干事的委任状》，1921 年 7 月 31 日，中山故居藏。

53 《国民党驻三藩市总支部通告（党字第四十六号）》（1922 年 11 月 6 日），台北，党史馆藏，一般档案，一般 415/19.6。

54 《中央筹饷会干事主任陈耀垣先生函》，陈安仁编：《革命先进的书牍》，1936 年 6 月印本，第 4 页上。陈安仁（1889–1964），广东东莞人，1911 年春加入中国同盟会，曾任广东新军秘书。1912 年后于《大光》、《民生》、《觉魂》等报刊从事宣传工作。1921 年夏自新加坡返国，奉命往澳洲及南太平洋群岛筹饷及视察党务。

55 《中央筹饷会通告第二号》（1921 年 8 月 20 日），台北，党史馆藏，一般档案，一般 423/7。印刷品。按照《中央筹饷会简章》第（三）项规定，中央筹饷会"由发起人公举干事十人，干事主任一人，由干事员互选之，以得票最多数者为当选。"

56 《中央筹饷会缘起（并简章）》（1921 年），台北，党史馆藏，一般档案，一般 422/25。

57 《总理致各埠同志电（为北伐特组中央筹饷会）》，1921 年 9 月，一般档案，馆藏号：一般 050/111.2。孙中山：《致海外同志电》，《孙中山全集》（第 5 卷），第 613 页。

58 《陈耀垣致张继函》（1921 年 8 月 28 日），台北，党史馆藏，环龙路档案，环 02990。

59 《中央筹饷会干事主任陈耀垣先生函》（1921 年 9 月 30 日），陈安仁编：《革命先进的书牍》，第 5 页下。

60 《中央筹饷会陈耀垣、邓泽如致苏福函》（1922 年 4 月 24 日），台北，党史馆藏，一般档案，一般 413/14.2。

61 孙中山：《分致李源水、杨纯美、饶潜川发起中央筹饷会函》（1922 年 5 月 1 日），秦孝仪主编：《国父全集》（第五册），台北，近代中国出版社 1989 年 11 月版，第 331–332 页。该函《孙中山全集》未收。

62 参见《中央筹饷会干事主任邓泽如、陈耀垣两先生函》（1922 年 1 月 18 日、1922 年 2 月 18 日、1922 年 4 月 19 日），陈安仁编：《革命先进的书牍》，第 8、10 页。

63 《黄景南先生致耀垣直勉先生函》（1922 年 5 月 9 日），台北，党史馆藏，一般档案，一般 241/198

64 《中央筹饷会致陈天一、符养华等函》（1921 年 12 月 19 日），台北，党史馆藏，一般档案，一般 393/34。

65 《陈耀垣、邓泽如致杨纯美书》（1921 年 12 月 29 日），台北，党史馆藏，一般档案，一般 413/18.1

66 《中华筹饷局陈耀垣致甲元、任生函》（1922 年 6 月 7 日），台北，党史馆藏，一般档案，一般 413/13.4。又参见《中华筹饷局陈耀垣致甲元、任生函》（1922 年 6 月 10 日），台北，党史馆藏，一般档案，一般 413/13.2。

67 《陈耀垣自传》（稿本），1945 年 6 月 6 日，中山故居藏，第 4 页。

68 《委任陈耀垣为总统府秘书处科员的委任状（第四四号）》（1921 年 10 月 15 日），中山故居藏。

69 《任命陈耀垣为总统府秘书的简任状（第一三号）》（1922 年 5 月 5 日），中山故居藏。

70 《陈耀垣自传》（稿本），1945 年 6 月 6 日，中山故居藏，第 4–5 页。

71 黄惠龙：《中山先生亲征录》，中华书局 2007 年版，第 328 页。

72 《国民党驻三藩市总支部通告（党字第四十六号）》（1922 年 11 月 6 日），台北，党史馆藏，一般档案，一般 415/19.6。参见陈耀垣：《陈耀垣自传（稿本）》，稿本，第 4–5 页。

73 《陈耀垣致廖仲恺函》（1924 年 4 月 30 日），台北，党史馆藏，汉口档案，汉 16486

74 《陈耀垣自传》（稿本），1945 年 6 月 6 日，中山故居藏，第 5–6 页。

75 《国民党驻三藩市总支部通告（党字第四十六号）》（1922 年 11 月 6 日），台北，党史馆藏，一般档案，一般 415/19.6。

76 《陈耀垣致黄挺生函》（1922 年 11 月 20 日），台北，党史馆藏，一般档案，一般 241/648.54。

77 《国民党驻三藩市总支部通告（党字第三十四号）》（1922 年 8 月 8 日），台北，党史馆藏，一般档案，一般 415/19.5。

78 黄子聪：《国民党驻三藩市总支部通告（党字第四十五号）》（1922 年 11 月 6 日），台北，党史馆藏，一般档案，一般 415/19.11。又见黄子聪：《国民党驻三藩市总支部通告（党字第三十六号）》（1922 年 8 月 15 日），台北，党史馆藏，一般档案，一般 415/19.6。

79 陈耀垣：《陈耀垣自传（稿本）》，稿本，第 7 页。

80 黄子聪：《国民党驻三藩市总支部通告（党字第四十五号）》（1922 年 11 月 6 日），台北，党史馆藏，一般档案，一般 415/19.11.

81 《国民党驻三藩市总支部通告（党字第四十六号）》（1922 年 11 月 6 日），台北，党史馆藏，一般档案，一般 415/19.6。

82 《中国国民党驻三藩市总支部所属机关民国十二年职员名册》（1923 年），台北，党史馆藏，一般档案，一般 415/43.1。

83 刘芦隐：《中国国民党驻三藩市总支部党务报告》（1924 年 1 月 28 日），台北，党史馆藏，汉口档案，汉 12947。

84 《陈耀垣致彭素民函》附《中国国民党海外支分部通则》（1923年7月19日），台北，党史馆藏，环龙路档案，环06354。

85 孙中山：《致梁楚三等函》（1922年12月），中山大学历史系孙中山研究室：《孙中山全集》（第6卷），中华书局1985年3月版，第564页。该函系分缮致梁楚三、陈耀垣、马素及舍利分部的同文函件。

86 《中国国民党驻三藩市总支部所属机关民国十二年职员名册》（1923年），台北，党史馆藏，一般档案，一般415/43.1。

87 《国民党驻三藩市总支部通告（党字第五十四号）》（1923年1月25日），台北，党史馆藏，环龙路档案，环07878。

88 《国民党驻三藩市总支部通告（党字第五十四号）》（1923年1月25日），台北，党史馆藏，环龙路档案，环07878。

89 张世福主编：《一九二二至一九二三年孙中山在沪期间各地来电汇编》，上海书店出版社1998年8月版，第381页。

90 孙中山：《致三藩市总支部电》（1923年4月2日），中山大学历史系孙中山研究室等编：《孙中山全集》（第7卷），第271页。

91 孙中山：《致三藩市总支部等海外党部电》（1923年6月26日），《孙中山全集》（第7卷），第566页。

92 《国民党驻三藩市总支部通告》（1923年7月7日），台北，党史馆藏，环龙路档案，环07727。

93 刘芦隐：《中国国民党驻三藩市总支部党务报告》（1924年1月28日），台北，党史馆藏，汉口档案，汉12947。

94 《国民党驻三藩市总支部通告（党字第五十六号）》（1923年4月6日），台北，党史馆藏，环龙路档案，环06131。该楼宇于1921年8月由驻三藩市总支部购入，价五万一千元，由党员及少年中国晨报社垫借款项成交，后来发行公债及党员额捐（每人五元）筹款归还。参见〔美〕刘伟森主编：《全美党史》（上册），第27页。

95 《三藩市国民党分部奖赠陈欧阳莱"品重圭璋"奖状》（时间不详），中山故居藏。

96 《三藩市总支部陈耀垣致彭素民函》（1923年6月19日），台北，党史馆藏，环龙路档案，环08810。

97 孙中山：《致三藩市总支部函》（1923年4月12日），《孙中山全集》（第7卷），第314页。

98 《三藩市总支部陈耀垣致孙镜函》（1923年8月20日），台北，党史馆藏，环龙路档案，环07196。

99 《三藩市总支部陈耀垣上总理函》（1923年8月6日），台北，党史馆藏，环龙路档案，环07192。

100 《美国拒华人登岸之呼吁，学生商人均被遣回华》，《申报》，1924年7月23日，第14版

101 孙中山：《给林树巍的训令》（1924年10月17日），广东省社会科学院历史研究所等编：《孙中山全集》（第11卷），中华书局1986年7月版，第203页。

102 据《国民党驻三藩市总支部通告（党字第六十二号）》（1923年9月1日），台北，党史馆藏，环龙路档案，环07804。

103 据《国民党驻三藩市总支部通告（党字第九十八号）》（1925年4月16日），台北，党史馆藏，环龙路档案，环07727。

104 刘芦隐：《中国国民党驻三藩市总支部党务报告》（1924年1月28日），台北，党史馆藏，汉口档案，汉12947。

105 《陈耀垣致大会电》（1924年1月），台北，党史馆藏，汉口档案，汉17150。

106 《陈耀垣致廖仲恺函》（1924年4月30日），台北，党史馆藏，汉口档案，汉16486。

107 《少年中国晨报五十周年纪念专刊》，美国三藩市，《少年中国晨报》社1960年12月发行，图37页及文22页。

108 《陈耀垣致廖仲恺函》（1924年4月30日），台北，党史馆藏，汉口档案，汉16486。

109 孙中山：《中国国民党北伐宣言》（1924年9月18日），《孙中山全集》（第11卷），第76页。

110 《中华民国陆海军大元帅颁给陈耀垣的一等金质奖章奖凭（义字第二号，奖章第三号）》（1924年10月1日），中山故居藏。

111 《欢迎孙中山筹备种种》，《申报》，1924年11月16日，第13版。

112 《哀思录》第二编卷二"吊唁函电"（乙）唁电，第23页。

113 参见〔美〕刘伟森主编：《全美党史》（上册），第333页。

114 《国民党驻三藩市总支部通告（党字第九十五号）》（1925年4月1日），台北，党史馆藏，环龙路档案，环07606.1。

115《国民党驻三藩市总支部通告（党字第九十七号）》（1925 年 4
月 15 日），台北，党史馆藏，环龙路档案，环 07607。

116《国民党驻三藩市总支部通告（驻字第十二号）》（1925 年 8 月
8 日），台北，党史馆藏，环龙路档案，环 07608

117《国民党驻三藩市总支部通告（党字第九十五号）》（1925 年 4

月 1 日），台北，党史馆藏，环龙路档案，环 07606.1。

118 参见〔美〕刘伟森主编：《全美党史》（上册），第 479 页。

119 参见《灵榇自车站至江干》，《申报》，1929 年 5 月 29 日，第 4 版。

120 参见《中委及特任官前晚起分班守灵》，《申报》，1929 年 5 月
30 日，第 6 版。

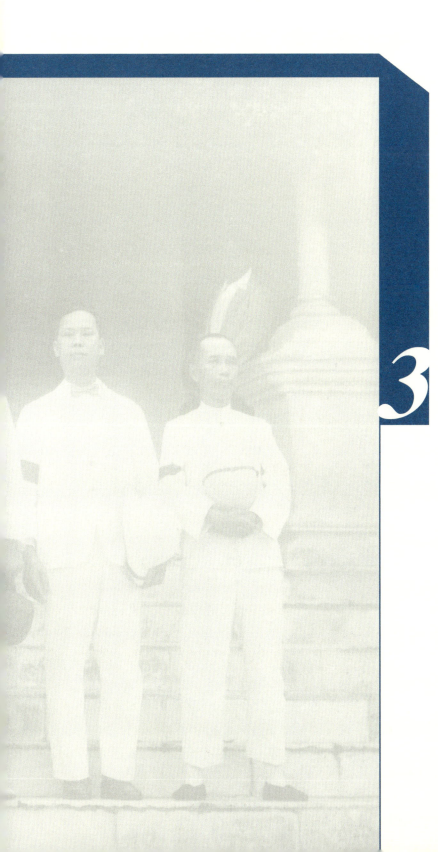

第三章　爱国护侨

CHAPTER III
A PATRIOTIC OVERSEAS
CHINESE AFFAIRS OFFICER

3

一 致力侨务、尽忠职责

1. Devoted to Overseas Chinese Affairs

1925 年 9 月 5 日至 9 月 17 日，驻三藩市总支部召开中国国民党全美洲第一次代表大会，出席者包括分布美国、墨西哥、南美洲等地的 58 个分部及通讯处代表 70 多人。大会选出陈耀垣、梁树南为正副会长，谭赞、黄滋为正副议长。陈耀垣在大会各次会议上发言颇为积极，会议通过议案共 16 件，包括《中国国民党驻三藩市总支部总章》、《呈请中央党部在海外部内设立海外同志招待处案》、《献议中央党部栽育党材案》、《编译总理遗书以广宣传案》、《调查本党航空人材案》等。[1]陈耀垣在大会闭幕词上致辞，大意为："请各代表本团结精神，将此次大会议决及大会经过情形各党部报告。鼓励各同志进行宣传本党真义，解释各同志之误会，使咸晓然于议决案及改组之详情，并使总支部与各党部愈加团结，共同发展党务云。"[2]当时国民党驻三藩市总支部所属党员逾万人，分部及区分部共 84 处，遍布美国及中南美洲各大城市，为国民党美洲党务有史以来最发达的时期。是年国内发生"五卅惨案"、"沙基惨案"等，美洲党员及华侨等筹款十余万元，汇归赈济祖国失业工人。[3]

孙中山去世之后，国民党顿失重心，党内各种矛盾表面化。1925 年，驻三藩市总支部接中委林森电报，请拨美金三千元为"西山会议"经费，执委会决议照汇。[4]陈耀垣的政治立场未必完全认同"西山派"的主张，但因驻三藩市总支部远离中央党部，对党内政治派别争斗内情未必明了，而"西山派"主要人物林森在民国初年主持美洲国民党党务三年，在华侨及党员中有广泛影响力，在情感上陈耀垣及驻三藩市总支部都会较倾向林森等"西山派"诸成员。[5]1926 年 1 月，国民党第二次全国代表大会在广州召开。驻三藩市总支部选出陈耀垣及谭赞为国民党二大代表，但他们回国之后，并未到广州出席国民党二大，反而在上海逗留，据说拟往北京参加西山会议活动等，引起风波。6 月，国民党中央监察委员会勒令陈耀垣、谭赞于两个月内向中央党部声明与西山会议派脱离关系。[6]11 月，国民党中央海外部电令停止驻三藩市总支部职权，另委三藩市、纽约、波士顿、芝加哥、西雅图、洛杉矶等九个分部组织全美临时代表大会。三藩市分部拒派代表与会。大会议决案之重点，为解散三藩市分部，革除陈耀垣、谭赞两代表，及以屋仑分部为地址成立"驻美总支部"，筹组《国民日报》与驻三藩市总支部机关报《少年中国晨报》对抗等。宁汉分裂之后，美国党务亦随之分为两派，屋仑"驻美总支部"拥护汪精卫及武汉国民政府，侨界视之为"左派"。驻三藩市总支部则追随胡汉民及南京国民政府，侨界视之为"右派"。左右两派，水火不容。1927 年 4 月，国民党中央厉行清党，决议恢复三藩市总支部，同时取消屋仑驻美总支部。[7]1928 年春，邹鲁、许崇智、程天固等粤籍国民党大员赴美慰问同志，美西各埠热烈欢迎，颇长"右派"声势。[8]陈耀垣尚保存此期间接待来访的国民党大员签名题赠的照片多帧。（图 3-1 至图 3-8）4 月，国民党中央执行委员会任命陈耀垣等 9 人为三藩市总支部党务

图 3-1　1926 年 6 月，刘纪文赠陈耀垣签名照。刘纪文（1890-1957），字兆铭，广东顺德人，曾任国民政府南京特别市市长、国民党中央执行委员、广州市市长等。

The autographed photograph from Liu Jiwen to Chan Yew Foon in June, 1926. Liu Jiwen (1890–1957), courtesy name Zhaoming, was a native of Shunde of Guangdong. He was once the Mayor of Nanjing, a member of the Kuomintang Central Executive Committee, and the Mayor of Guangzhou.

图 3-2　1928 年 10 月 18 日，刘纪文与许淑珍结婚。这是他们签名赠送给陈耀垣的结婚照。

Liu Jiwen and Xu Shuzhen got married on October 18, 1918. This is a autographed wedding photograph from Liu and Xu to Chan Yew Foon.

图 3-3　1927 年 8 月 25 日，林直勉赠陈耀垣签名照。

林直勉（1888-1934），东莞石龙人，曾任陆海军大元帅大本营秘书、国民党美洲总支部部长等。

This is the autographed photograph that Lin Zhimian gave as a gift to Chan Yew Foon on August 25, 1927.

Lin Zhimian (1888–1934) was a native of Shilong in Dongguan. He was the Secretary of the Generalissimo Residence in Guangzhou, and later the head of the Kuomintang General Branch in America.

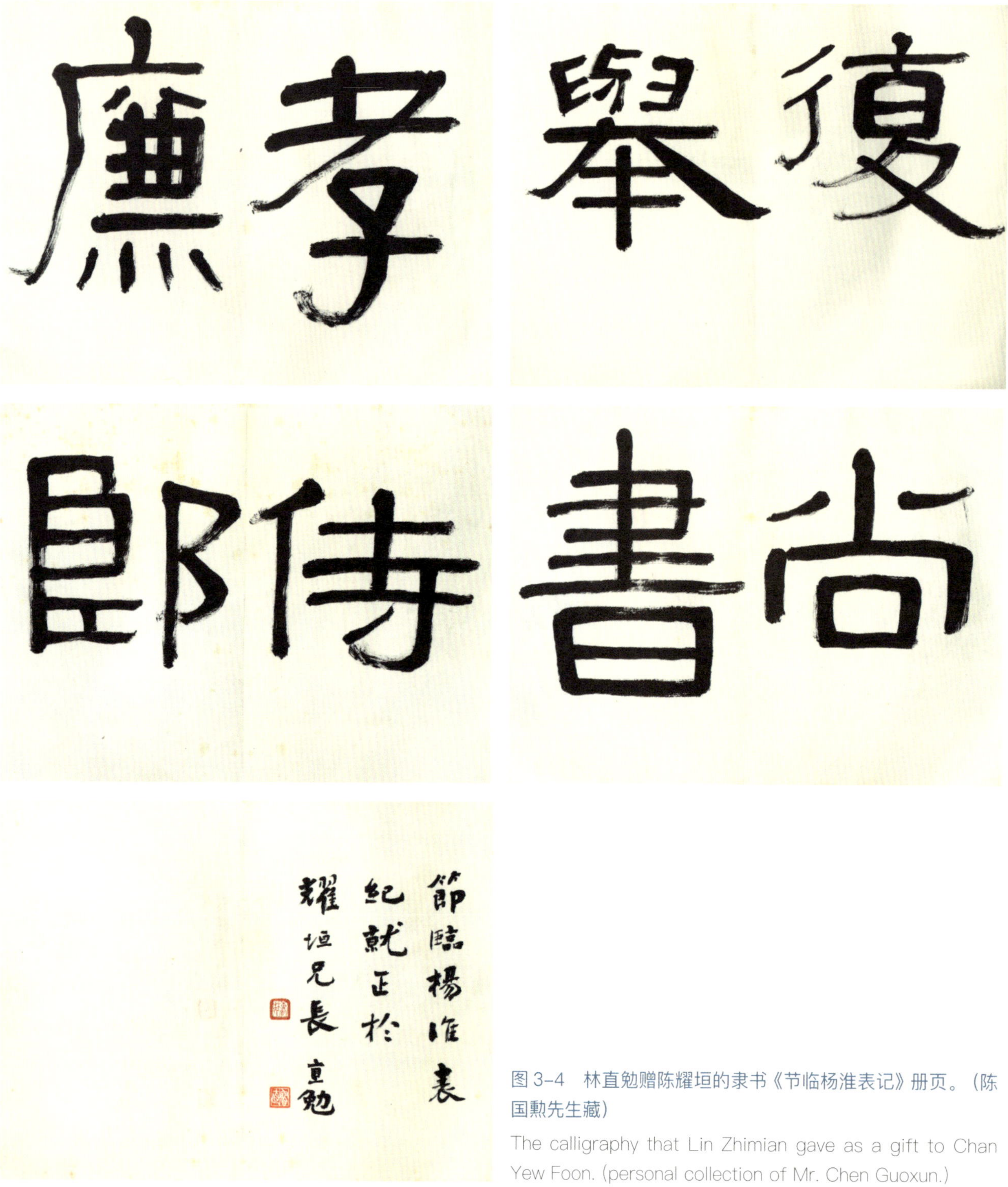

廉孝舉復

郎侍書尚

節臨楊淮表
紀就正於
耀垣兄 長 直勉

图 3-4　林直勉赠陈耀垣的隶书《节临杨淮表记》册页。（陈国勋先生藏）

The calligraphy that Lin Zhimian gave as a gift to Chan Yew Foon. (personal collection of Mr. Chen Guoxun.)

耀垣同志

崇智敬赠

十七、二、二十二

耀垣同志老兄惠存

许崇智敬赠

图 3-5　1928 年 2 月 22 日，许崇智赠陈耀垣签名照。
许崇智（1886-1965），广州高第街许地人，国民党早期著名将领。

The autographed photograph from Xu Chongzhi to Chan Yew Foon on February 22, 1928.
Xu Chongzhi (1886-1965), from Gaodi Street in Guangzhou, was a famous general in the early days of Kuomintang.

图 3-6　许崇智赠陈耀垣签名照。

The autographed photograph from Xu Chongzhi to Chan Yew Foon.

指导委员，接收清党委员职权，举行党员总登记。[9]（图 3-9、图 3-10）

　　1928 年 2 月，中国国民党二届四中全会决定改组国民政府，确定国民政府接受国民党中央执行委员会指导、监督，掌理全国政务。6 月，国民政府发表全国统一的宣言。12 月 29 日，东北的奉系将领张学良通电南京宣称接受国民政府管辖。北伐成功后，南京国民政府正式获得国际承认为中华民国政府。

　　陈耀垣常年在海外华侨中宣传革命、演讲筹款，又多年主持国民党美洲党务工作，办事公正，尽职尽责，深受海外华侨和党员的信任和支持。1929 年 1 月 16 日，国民政府决议改组侨务委员会，任命陈

图 3-7　1928 年 2 月 20 日，邹鲁赠陈耀垣签名照。

邹鲁（1885-1954 年），广东大埔人，曾任大总统府财政厅长、国民党一大中央执行委员会委员、国立中山大学校长等。

The autographed photograph from Zou Lu to Chan Yew Foon on February 20, 1928. Zou Lu (1885-1954), a native of Dapu, Guangdong, was the Director-General for Finance of the Presidential Palace, a member of the Central Executive Committee of the 1st National Congress of Kuomintang, and President of the National Sun Yat-sen University.

图 3-8　1928 年 8 月，伍朝枢赠陈耀垣签名照。

伍朝枢（1887-1934），广东新会人，伍廷芳之子，近代著名外交家。

The autographed photograph from Wu Chaoshu to Chan Yew Foon in August, 1928.

Wu Chaoshu (1887-1934), son of Wu Tingfang, was a native of Xinhui in Guangdong and a famous diplomat in modern China.

耀垣及林森、萧佛成、邓泽如、吕渭生、钟荣光、李绮庵、郑占南等11人为改组后的侨务委会委员，林森为委员长。[10]（图3-11）3月15日，中国国民党第三次全国代表大会在南京开幕。陈耀垣被推选为国民党驻三藩市总支部代表回国参加国民党三大，[11]并与谭延闿、胡汉民、潘公展、于右任、

孙科、古应芬[12]、蒋中正、陈果夫等9人被大会推选为主席团成员。[13]稍后，陈耀垣又被推选为国民党中央执行委员会候补委员。[14]（图3-12）此后，陈耀垣长期留在国内，出席或列席国民党中央执行委员会会议，参与党国政务管理，举凡人事任免、政治、经济、建设事务，及审议各省、各党部

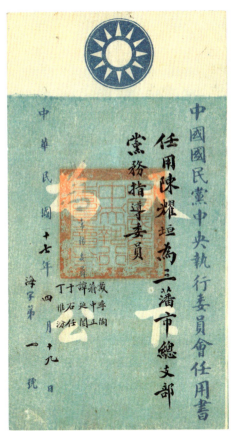

图3-9　1928年4月19日，任陈耀垣为中国国民党驻三藩市总支部党务指导委员的任用书。

This is the Letter of Appointment that named Chan Yew Foon as a member of the Supervision Committee of Party Affairs of the Kuomintang General Branch in San Francisco on April 19, 1928.

图3-10　1928年10月23日，国民党驻三藩市总支部党务指导委员会委员合影。前排左起：郑占南、陈耀垣、谭赞、周宇凡；后排左起：林屈伸、陈子祯、谭贞林、黄滋。

This is a group photo of members of the Supervision Committee of Party Affairs of the Kuomintang General Branch in San Francisco taken on October 23, 1928. Front row, from left: Zheng Zhannan, Chan Yew Foon, Tan Zan, Zhou Yufan; second row from left: Lin Qushen, Chen Zizhen, Tan Zhenlin, Huang Zi.

图3-11　1929年1月22日，任命陈耀垣为国民政府侨务委员会委员的任命状。

This is the Letter of Appointment that named Chan Yew Foon as a member of the Overseas Chinese Affairs Council of the National Government on January 22, 1929.

图3-12　1930年，陈耀垣佩戴"中央党部委员"徽章的留影。

1929年3月，陈耀垣出席国民党第三次全国代表大会代表，当选为大会主席团成员，及中央执行委员会候补委员。

Chan Yew Foon wearing a "Member of Central Party Committee" badge in the chest in 1930.

Chan Yew Foon attended the 3rd National Congress of Kuomintang in March 1929 and was elected to be a member of the Presidium and an alternate member of the Central Executive Committee.

各类报告请示等，均有所涉及，海外侨务方面的工作尤其关注，他的名字时时见于国内报刊。

侨务委员会原隶属国民政府，1929年改由国民党中央执行委员会直辖。同年5月16日，国民党第十三次中央常务会议，决议任命周启刚、黄右公、陈耀垣、李绮庵、陈安仁、郑占南、吴公义、萧吉珊、吕渭生为中央执行委员会侨务委员会委员。[15]5月23日，国民党第十四次中央常务会议决议，经陈果夫、戴传贤、叶楚伧、胡汉民四委员提议，任命以陈耀垣为中国国民党中央执行委员会侨务委员会主任，周启刚、萧吉珊为副主任。[16]6月8日下午，侨务委员会委员在南京中央大礼堂宣誓就职。叶楚伧致训词，略谓："海外侨胞赞助革命，功在党国，侨务委员会前隶国府，近改由中央直辖，系统上虽有变更，精神上则同属为侨胞谋幸福等。"侨委会主任陈耀垣致答词谓："同人等受命中央，敬当尽忠职责，以语党国，以慰侨胞。"[17]6月17日，侨务委员会举行首次总理纪念周，主席陈耀垣发表对于今后侨务工作应如何努力的演说，他分析华侨受居留地政府压迫榨虐，而华侨之中也有些不良分子，与居留政府勾结，媚外求荣，不惜叛国反动。侨务委员会作为散布五大洲的侨胞的营垒，负着解放华侨、指导华侨等等重大使命。改组后的侨务委员会的主要任务，就是肃清华侨败类，解放华侨的痛苦，指导华侨共同努力于精神及物质建设，和发展教育、投资实业等等，并须注意于不平等条约废除的具体计划。侨委会同志们应勤奋任事，"使我党隶下之侨务委员会，在地球上放着异彩"。[18]

侨务委员会的主要职能包括负责侨民状况的调查，侨民移民指导与监督，侨民纠纷的处理，侨民团体的管理，华侨回国兴办投资、求学及游历参观的指导与介绍，侨民的奖励或补助，侨民教育的指导监督及调查等等。陈耀垣上任之后，即着手开展工作，侨委会"会务进行，颇形积极"。1929年8月，他接受《中央日报》记者采访，详谈侨委会改进侨务计划，概括而言包括以下数项：（1）鼓励及指导华侨回国投资，协助华侨与政府接洽。海外华侨拥有巨资而计划投资于祖国者颇不乏人。近来各国华侨纷派代表返国与侨委会接洽，预备在国内各大商埠创办各种企业者络绎不绝。（2）规划在全国各省筹设侨务委员会分会，就近保护回国投资华侨能得实惠，免被各地土豪劣绅及贪官污吏侵害。（3）着手调查各国华侨之人数，生活状况，及有无虐待情形，然后政府使为设法保护。（4）发展海外华侨教育。因为不少华侨往往身为中国人，而不谙中国文字者，比比皆是，言之实堪浩叹。[19]

1930年5月，中央侨务委员会正式提出《移民保育方案》[20]，确定侨务工作以下七大方针：（1）以政府的力量推进民族自动移植的精神与事业；（2）以国民经济的力量开发世界财源增加世界生产；（3）增加祖国富力；（4）促进华侨对于祖国文化之观感；（5）培养华侨自治能力；（6）增进国家观念与民族精神；（7）提高华侨在国际上地位。

按照上述方针分两期实现《移民保育方案》，第一期的主要目的在于"巩固华侨现有的地位"，第二期则重点在"发展将来的侨务。"主要目标及措施包括：（一）鉴于华侨散处海外者为数甚众，而政府缺乏准确的统计与调查，对于侨务之整理、侨民之保护诸感不便。首要工作便是调查各国侨胞确数，精密登记，指导移民方向、数目，规范华侨出入境管理。（二）保护策励华侨在海外及国内的经济事业，排除华侨在国内外经济事业发展所受的障碍，鼓励提倡华侨投资祖国，兴办实业、并保护私人资本，"务期挽回利权外溢，增加祖国富力"。（三）改良行政，化除纠纷，解决各地华侨被难悬案，保护海外华侨的生命财产和合法权益，争取取消外国政府针对华侨的一切苛例及不平等条约，"凡华侨在海外之生命财产，应设法与无色人种一体享受法律之保障"。

必要时每半年或一年呈由中央派舰巡视海外华侨一次。（四）发展海外华侨教育事业，培养华侨子弟爱国爱党爱乡的精神。提倡通俗教育讲演和社会体育、普及社会教育，通都大邑均应设有领导华侨之报纸及酌量地方情形力求增设书报社、通讯社、体育会、讲演会等，使社会教育平均发达。

上述《移民保育方案》全文近4000字，全面周详，显然是贯彻陈耀垣发展侨委会工作的思路具体而微的编写而成，堪为发展侨务工作的总纲。陈耀垣也一直为落实方案规划而不懈努力。例如推动国民党中央编制并通过《侨民登记条例》及《侨民专员条例》，加强侨民登记及侨务管理。[21]又在国民党四中全会提出设立移民机关，以处理中外侨民出入口一切事宜。[22]他坦陈设立移民机关的必要性："苟无移民机关以处理之，一任外人自由入境，则他国摒弃之歹人将遁迹我国以为渊薮，一旦被其邪说暴行之流毒，实贻患于无穷。至于我国人民之出外谋生，亦宜有整个的调查，俾有所限制，不致为他国政府以人满为词中道遣回，有徒劳无功之憾，故移民机关之设，不特为国家对外计，抑且为民生前途计也，似宜从速设立之必要。"[23]陈耀垣积极从事海外华侨接待联络工作。1929年7月，呈请国民党中执委会，呈请将位于广州、南京两地的第一、第二海外同志招待所划归中央侨务委员会管辖，以便统一指挥，而利侨务实施。[24]11月30日，加拿大华侨赵磊夫、马为英、林万欢等回国，除陈述加拿大属侨民状况外，并报告当地侨民集资购买飞机二架，献赠国民政府。当局以该侨民远居海外，爱国之心如是之烈，均慰勉有加。叶楚伧、林森、陈耀垣、吴铁城等在中山陵园设宴酬谢。[25]

陈耀垣在任期间也多次处理关于海外华侨权益事件。[26]如1930年4月，陈耀垣转呈国民党驻中美洲尼加拉瓜分部关于当地颁布新法例排斥华侨事，函请国民政府行政院外交部"将该新例中之苛待者交涉解除，并在尼国设法派领，以资保护。"[27]外交部函复令驻美公使及驻巴拿马公使代办，就近设法交涉修改。[28]1930年9月，因中国与暹罗（今泰国）当时尚未建交，华侨屡受欺凌，上海中华侨务协进会呈请侨务委员会转外交部迅订中暹条约、派领驻暹保护等。陈耀垣即抄呈国民政府文官处，函请饬令外交部办理。[29]10月，陈耀垣代表侨务委员会函请国民政府外交部乘暹罗皇弟访华之机会，设法商定中暹条约，"俾得早日派遣使领，使百数十万华侨性命财产得有保障。"[30]次年2月，陈耀垣代表侨务委员会根据岭东华侨互助社南洋各分社意见，再函请外交部转请国民政府"俯顺民意，接纳侨情，迅将国内外一切不平等条约宣布取消，以提高国家民族之地位，而保障侨胞之发展"，签订中暹、中法越商约，并派遣使领驻各地保护侨胞。[31]1931年前后，旅居墨西哥华侨因被当地政府排华驱逐，没收证件及囚禁虐待等，甚至遭抢掠焚屋，墨国华侨近三、四万人的生命财产均受到威胁，该国华侨代表回国向政府陈请交涉，国民政府即推定陈耀垣等4名代表及余咏和到上海接晤，并协助办理。侨委会以事关国际体面，即据情呈请国民政府转饬外交部严重交涉。[32]南洋华侨失业情况严重，陈耀垣与侨务委员会奉命筹商对策，指出南洋失业华工多达二十余万人，救济之道除消极扶助他们的生活之外，基本之法还在于帮助他们找到工作。经再三研究并针对南洋当地情况，起草《救济南洋失业华工对策》，提出成立侨工失业救济会，移工归农，就地领垦种米的对策。[33]

在华侨教育方面，1929年10月，国民党中央执委会第三十四次常务会议就通过修正海外华侨学校立案条例案，统一海外华侨教育。[34]1931年2月，国民党中央执委一二六次常会决议，培养归国求学的海外华侨子弟的最高学府国立暨南大学设置董事会，陈耀垣与孙科、林森、陈立夫、孔祥熙、宋子文、马超俊、余井塘、吴铁城、郑洪年、萧佛成等被推为董事，会同处理该校"校务之改进，学风之整饬，校长之选任，文化之宣播，以及一切建设。"[35]

1930年3月初，陈耀垣出席在南京举行的国民党三届三中全会，并担任审查委员会经济组成员。会议修订了《中央政治会议条例》，制定《推进党务工作案》等及通过《限制官吏兼职案》、《厉行节约运动案》等议案。全会为与北方反蒋联合战线兵戎相见作了准备。7月28日上午，国民党中央党部举行第七十次总理纪念周，中央委员会各部处会职员及来宾等约五六百人到会，陈立夫任主席。行礼后，推陈耀垣报告。在报告中，他站在中央政府的立场批评汪精卫背离三民主义，反对国民党中央，与军阀勾结生事等等，列举华侨支持孙中山领导革命运动史绩。他说：

> 本席就华侨地位上观察，证以从前革命历史，可以断定其失败无疑。华侨在海外或为劳工，或营商业，备受帝国主义及资本主义之压迫，痛苦不可名状。美属南洋各埠，初则利用华工之耐习劳苦，待其专业成功，则加以摈斥或驱逐。侨胞处此虐待情形之下，一致企望祖国有强固之政府，可赖保护力量，以解除一切苛刻待遇。幸得总理倡导革命，揭橥三民主义，以取得国际间自由平等，废除不平等条约，救济被压迫同胞为目的。凡属侨胞，无不一致拥护，或毁家以纾难，或捐躯以救国，倾全力以辅助总理，以求祖国之振兴，政治之统一。故革命成功，虽总理主义之伟大所致，而华侨之竭诚拥护，实与有力焉。

在演说中，陈耀垣断言汪精卫与军阀合作，破坏国民党与中央政府，不惜将孙中山惨淡经营所创造的中国国民党，及无数华侨所牺牲而得的少许利益，一举而断送，失道寡助，断无成功之理。因此国民党及政府前途确可乐观，希望诸同志格外努力。[36]

陈耀垣积极推动华侨义捐支持国内革命及建设。9月，国民党中央执委第110次常会决议通过《华侨革命义捐稽奖

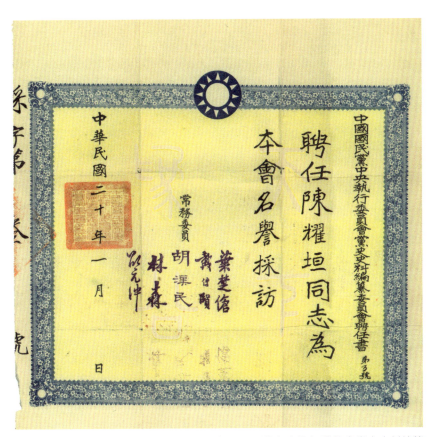

图 3-13　1931 年 1 月，聘任陈耀垣为中国国民党中央执行委员会党史史料编纂委员会名誉采访的聘任书。

The Letter of Appointment that named Chan Yew Foon as Honorary Interviewer of Party History Compilation Committee of the Kuomintang Central Executive Committee in January 1931.

图 3-14　1931 年 2 月 17 日，任用陈耀垣为中国国民党中央执行委员会党史史料编纂委员会名誉编纂的任用书。

The Letter of Appointment that named Chan Yew Foon as Honorary Compiler of Party History Compilation Committee of the Kuomintang Central Executive Committee on February 17, 1931.

条例》、《华侨革命义捐奖励章程》、《华侨革命义捐稽奖局章程》、《华侨革命义捐登记规则》等系列文件。[37]

　　11 月 12 日，陈耀垣应国民党三届四中全会征求墨迹，题写"努力建设工作，完成革命事业。"[38] 陈耀垣出席会议并担任审查委员会经济组成员，并递补为中央执行委员会委员。[39]

　　孙中山生平为革命所举办之各项债款捐款，为数甚巨，不少即为陈耀垣经手。此种款项均为创建民国而设，其时国内已趋统一，调查此种债款确数并加以整理，以便由国家分别偿还奖励的工作便提上议事日程。1930 年 12 月，国民党中央执行委员会 117 次常会决议，组织革命债务调查委员会，并推陈耀垣及张人杰、林森、邓泽如、古应芬、陈少白、孙科、萧佛成、刘纪文、郑螺生、李海云、林焕庭、谢良牧、黄隆生、谭赞、李是男、薛汉英等 17 人为委员，从事调查整理。[40] 因熟悉华侨史绩及海外国民党史，1931 年 1 月及 2 月，陈耀垣先后被任命为中国国民党中央执行委员会党史史料编纂委员会名誉采访及名誉编纂。[41]（图 3-13、图 3-14）

二 巡视海外党务与宣慰华侨

2. Inspection Tours to the Overseas Chinese and Fundraising

1930 年 12 月，胡汉民、林森、孙科、陈耀垣、何应钦、邵元冲等联名向国民党中央执行委员会提请，安排时任中央海外部长兼立法院副院长林森及陈耀垣同往海外巡视党务及侨情，并主动提出"如中央财政未裕，来往川资，可由森等自筹，实报实销，不至靡费。海外巡视所到各地，均有同志居留，如需人记录等事，尽可嘱托在地同志帮忙，无须加派随行人员，以期撙节公款，而收实效于万一。"[42] 上述提议，经国民党中执委第 117 次常会决议批准。[43]（图 3-15、图 3-16、图 3-17）1931 年 2 月 21 日，侨务委员会诸同仁在南京中国酒店设宴欢送陈耀垣，祝其此行"乘风破浪，早日旋国，主持会务"云。[44] 2 月 25 日，林森、陈耀垣由上海出发同乘大来公司克里夫总统轮赴香港再转赴南洋。同船出发南下的还有第八路总指挥陈济棠夫妇等。[45] 2 月 26 日，林森与陈耀垣抵香港。次日上午，往九龙半岛酒店访广东省政府主席陈铭枢，畅谈甚为欢洽。中午陈铭枢在南塘酒家设宴款待林森与陈耀垣，并邀请桂系将领黄绍竑、龚杰元等同席。[46]

林森与陈耀垣此行肩负视察海外党务、慰问海外侨胞及筹款募筑中央党部三大任务。"[47] 两人同赴菲律宾、马来西亚、澳洲、法国、印度尼西亚、英国等，"行踪遍五大洲，历时八月"。陈耀垣保存大量沿途照片，足迹所及均受到海外各党部同志和侨民热烈欢迎。同年 10 月，林森与陈耀垣结束行程回国。林森先回上海，陈耀垣"以离粤中家乡有八九年，故为其家人所留，未能同来沪上。"[48]

归国后，林森曾于中央纪念会报告与陈耀垣海外此行之经过，大致情形如下：

在华侨筹款方面，他们因欲到澳洲，故先经小吕宋[49]，得当地华侨踊跃支持，不过三日即募得五万元。2 月底，国内政局忽生变动，因"约法"之争，国民政府主席蒋介石扣禁时任国民党中央常务委员、南京国民政府委员、立法院长的胡汉民。海内外各报都纷纷记载，海外侨胞对于祖国的关心尤切，颇感不安，筹募款项事情颇受影响。到了澳洲之后，他们成功募得四万元。但美洲筹款则尚未开始，估计其捐款也不在小吕宋之下。陈耀垣与林森此行每人担任筹款十万的任务，他们感慨若国内有强固的统一和安定，则或可以超过设想中的筹款任务。

1931 年 9 月 18 日夜，日本蓄意制造并发动九·一八事变，次日，日军侵占沈阳，又陆续侵占了东北三省。当时陈耀垣及林森正在通过苏伊士运河往新加坡，在船上接到无线电报，得知日兵占领沈阳。同船的外国人认为日本突然有此举动，出人意料，同时对于他们都加以安慰。两天后，他们又接到日本出兵意欲挑衅的无线电报告。到新加坡上岸后，看到南洋侨胞都十分愤激，无论老少、男女、学生、商人都臂缠黑纱，为努力救国工作。南洋报纸收到消息即出号外，每日有三四次之多。他们观察到日本人在新加坡的为数不少，而且与侨胞比邻，侨胞对日兵横暴虽十分愤慨，但对于日本人无一点出于轨外的行动。英国报纸都赞扬侨胞能有守法的精神，

图 3-15　1924 年 8 月 23 日，林森赠陈耀垣签名照。

林森（1868-1943），福建闽侯人，历任南京临时政府参议院议长、国民党美洲支部长、国民政府侨务委员会委员长、立法院院长、国民政府主席等。

This is the autographed photo from Lin Sen to Chan Yew Foon on August 23,1924.

Lin Sen (1868–1943), a native of Fujian, was the President of the Senate of the Nanjing government, Head of the Kuomintang American Branch, President of the Overseas Chinese Affairs Council, President of the Legislative Yuan, and Chairman of the National Government of the Republic of China.

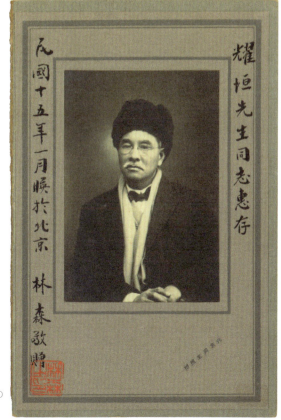

图 3-16　1926 年 1 月，林森赠陈耀垣签名照。

This is the autographed photo from Lin Sen to Chan Yew Foon in January 1926.

图 3–17　林森题赠陈耀垣的"淡交如水"手迹。

1931年2月至10月，陈耀垣与中央海外部长兼立法院副院长林森奉命同赴海外巡视党务及侨情，并为中央党部募集建筑经费。（陈国勋先生藏）

This is Lin Sen's handwriting of *danjiao ru shui* (friends agree best at a distance), which Lin gave as a gift to Chan Yew Foon.

From February to October 1931, Chan Yew Foon followed Lin Sen, the then Head of Overseas Chinese Affairs of the Central Government and Vice-president of the Legislative Yuan, to travel abroad to inspect party affairs of the local branches and raise funds from the overseas Chinese for the construction of the central party building.

他们也为侨胞的理性举动感到安慰。有些侨胞说："我们因在祖国不易谋生，故来海外，仿佛有冒险的意思，希望祖国日强，我们在海外也有面子，因为不平等条约不取消，不自由的地方很多，我们也不想让人家权利能得，解除拘束，亦自可告慰。"他们前往各地本当去安慰侨胞的，听到这种话反使他们觉得受到教训，感到惭愧。

陈耀垣及林森还留意沿途考察纪念孙中山革命的历史遗迹。他们过英国伦敦时曾参观 1896 年孙中山伦敦蒙难被羁押的清政府驻英使馆楼房，该房子有四层，四面的窗都以铁杆拦住，和监狱相仿。他们觉得该房子历史价值，"希望中央能妥为保存"。孙中山蒙难时曾经使用遗留的面盆、面架等 9 件物品，已由利物浦党部同志运走，他们建议："利物浦的侨胞大半是在船上做苦工的，对于党务颇能努力，如中

央有钱接济，可以把总理遗物配以精致架子，运来中国保存。在外国，对于伟人一事一物都推崇备至，珍藏于各博物馆，即如拿破仑的二三根头发亦视若异珍。总理的遗物如中央设法运来，在革命历史上也有不少贡献。"在新加坡，林森和陈耀垣参观同盟会时代孙中山曾居住的晚晴园，晚晴园原主人、同盟会新加坡支会会长张永福因生意经营失败，已将该园转卖与他人。他们希望中央能集资赎回晚晴园以资纪念，不负纪念孙中山一番热诚。[50]

此行川资并不宽裕，郑彦棻曾回忆陈耀垣与林森途经瑞士时的简朴生活："民国二十年夏，先生从林故主席子超视察海外党务，归途同抵瑞士度假，彦棻适供职日内瓦国际联盟，曾应嘱先为代觅居所，农舍数椽，时见先生随林故主席躬亲操作炊爨洒扫，又尝见削木代箸，两皆怡然自得。语云

宁静致远，淡泊明志，盖于此见之。此数十年前旧事，仍有极鲜明深刻之印象。"[51]

　　出洋视察期间，陈耀垣在国民党中央及国民政府职务屡有变动。1931年5月，陈耀垣获选为国民会议代表；又兼任国民党中央执监委员"非常会议"海外党务委员会委员。同年8月，侨务委员会改隶属于国民政府，陈耀垣任常务委员。国民党中央党部另行组织海外党务设计委员会，委陈耀垣为主任。[52]（图3-18至图3-36）

图3-18　1931年3月6日，旅菲律宾闽侨林西河堂欢迎林森（中）、陈耀垣（右）及驻菲总领事邝光林（左）等合影。

Lum Sai Ho Tong of the Philippines welcomed Lin Sen (middle), Chan Yew Foon (right) and Kuang Guanglin (left), Consul General to the Republic of China on March 6, 1931.

图 3-19　1931 年 3 月 6 日，旅菲律宾闽侨林西河堂欢迎林森（右）、陈耀垣（中）及驻菲总领事邝光林（二排左二）等合影。

Lum Sai Ho Tong of the Philippines welcomed Lin Sen (second row, third from left), Chan Yew Foon (second row, fifth from left)) and Kuang Guanglin (second row, second from left), Consul General to the Republic of China on March 6, 1931.

图 3-20　1931 年 3 月 7 日，旅菲律宾福州同乡欢迎林森（前排左四）、陈耀垣（前排左五）等合影。

A group photo taken by Lin Sen (front row, fourth from left), Chan Yew Foon (front row, fifth from left), and the Fujian fellow townsmen residing in the Philippines who welcomed their visit on March 7, 1931.

图3-21 1931年3月8日，中国国民党驻菲律宾吕宋支部马尼拉第二分部欢迎林森（前排左七）、陈耀垣（前排左六）合影。

The Manila Second Division of the Kuomintang Luzon Branch in the Philippines welcomed Lin Sen (front row, seventh from left) and Chan Yew Foon (front row, sixth from left) on March 8, 1931.

图 3-22　1931 年 3 月，菲律宾各华侨团体欢迎林森、陈耀垣合影。

1931 年 3 月，菲律宾各华侨团体欢迎林森、陈耀坦合影。

The overseas Chinese organizations in the Philippines welcomed Lin Sen and Chan Yew Foon in March 1931.

图 3-23 国民党大溪地直属支部欢迎林森、陈耀垣大会合影。

Lin Sen and Chan Yew Foon in the mass welcome meeting held by the Tahiti Branch (directly subordinate to the Kuomintang headquarters).

图 3-24 林森（前排左三）与陈耀垣（前排左四）等参观马来西亚柔佛苏丹皇宫后合影。

A group photo of Lin Sen (front row, third from left) and Chan Yew Foon (front row, fourth from left) after they visited the Sultan's palace in Johor of Malaysia.

图 3-25　陈耀垣（前排左三）与林森（前排左四）等在马来西亚柔声书报社与欢迎者合影。
Chan Yew Foon (front row, third from left) and Lin Sen (front row, fourth from left) in Zhisheng
Bookshop in Johor of Malaysia with people welcoming their visit.

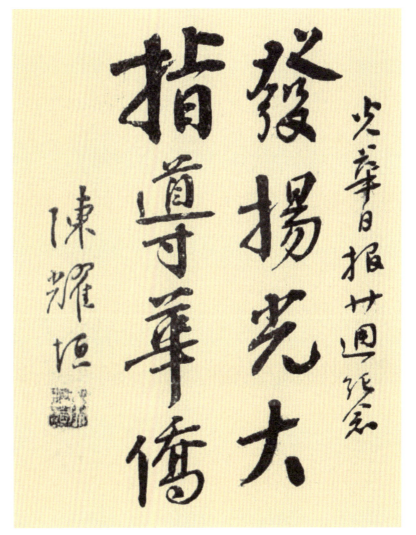

图 3-26　1931 年，陈耀垣为马来西亚《光华日报》创刊二十周年题词："发扬光大，指导华侨"。

Chan Yew Foon's inscription for the twentieth anniversary of the founding of Kwong Wah Newspaper of Malaysia in 1931.

中國國民黨美利濱支部現職員屬員歡迎中央委員林森陳公二公合影紀念

民國二十年四月廿一日

图 3-27　1931 年 4 月 21 日，中国国民党美利滨支分部职员欢迎陈耀垣（二排右四）、林森（二排右三）等合影。

Staff of the Kuomintang Melbourne Branch welcomed Chan Yew Foon (second row, fourth from right) and Lin Sen (second row, third from right) on April 21, 1931.

图 3-28　1931 年 4 月，中国国民党美利滨支华侨欢迎林森、陈耀垣等举行餐会合影。

Lin Sen and Chan Yew Foon with the overseas Chinese of Kuomintang Melbourne Branch at a welcoming dinner party in April, 1931.

图 3-29　1931 年 4 月 11 日，余俊贤（二排右三）、林森（二排右四）、陈耀垣（二排右五）与国民党驻澳洲总支部执行委员、监察委员等合影。

This is a group photo of the executives and supervisors of the Kuomintang General Branch in Australia with Yu Junxian (second row, third from right), Lin Sen (second row, fourth from right) and Chan Yew Foon (second row, fifth from right).

图 3-30　1931 年 4 月 11 日，余俊贤（右二）、林森（右一）、陈耀垣（左一）等在澳洲合影。

This is a group photo of Yu Junxian (second from right), Lin Sen (first from right) and Chan Yew Foon (first from left) in Australia.

图 3-31　1931 年，陈耀垣（右）与林森（左）在澳洲合影。
Chan Yew Foon (right) with Lin Sen (left) in Australia in 1931.

图 3-32 1931 年，陈耀垣（右四）与林森（右三）在澳洲合影。
Chan Yew Foon (third from right) with Lin Sen (fourth from right) in Australia in 1931.

图 3-33 1931 年，陈耀垣（左二）与林森（左一）在澳洲合影。
Chan Yew Foon (second from left) with Lin Sen (first from right) in Australia in 1931.

中國國民黨駐法總支部同志歡送中央委員
林子超陳耀垣先生離法紀念　民國廿年七月

图 3-34　1931 年 7 月，中国国民党驻法国总支部同志欢送陈耀垣（车上左一）、林森（车上左二）在车站合影。
Comrades of the Kuomintang General Branch in France saw off Chan Yew Foon (first from left in the car) and Lin Sen (second from left in the car) at a station in July 1931.

图 3-35 1931 年，陈耀垣与林森等在德国柏林。
Chan Yew Foon and Lin Sen in Berlin, Germany in 1931.

图 3-36 1931 年 9 月 26 日，中国国民党印尼棉兰支部执行委员欢迎陈耀垣（左三）、林森（左四）等在船上合影。
The executive committee of Kuomintang Medan Branch in Indonesia welcomed Chan Yew Foon (third from left) and Lin Sen (fourth from left) on a ship on September 26, 1931.

三 西南政府与抗日

3. The Southwest Regime and the Anti-Japanese War

1931 年 2 月底，因胡汉民坚持强力反对召集国民会议制定约法，并力主规限蒋介石之权力，而与蒋闹翻，被扣禁于南京郊外汤山总司令部俱乐部，史称"汤山事件"。[53] 胡汉民被扣，激起国民党华南实权人物的反击。（图 3-37、图 3-38）5 月 27 日，反蒋各派在广州宣布成立国民党中央执监委员"非常会议"，否认南京国民党中央党部的合法性。次日又宣布在广州成立国民政府，与南京政府相对峙，宁粤分裂局面至此形成。"九·一八事件"发生之后，迫于压力，也为缓和宁粤关系，蒋介石释放被扣近半载的胡汉民。[54] 宁粤双方迫于形势休兵议和，举行上海和平会议。根据宁粤双方上海和会的决议，分别于南京、广州召开国民党第四次全国代表大会，中心议题是，解决宁粤对立，改组国民政府。11 月 14 日，陈耀垣乘林肯总统号轮船离开上海南下香港，报载"闻陈此行回粤，负有某种任务。"[55] 陈耀垣为粤籍中央执行委员，感情上倾向支持西南当局。11 月 18 日至 12 月 5 日在广州召开的国民党第四次全国代表大会，陈耀垣当选为中央候补执行委员。[56] 在广州，陈耀垣以历年节省积蓄的钱在东山马棚岗兴建一座房子居住。[57]（图 3-39）12 月 21 日，陈耀垣随李宗仁、马超俊、程天固、黄季陆等十多名中委抵上海，拟往南京出席四届一中仝会。[58]12 月 22 日至 29 日，四届一中全会在南京举行。陈耀垣任审查委员会党务组成员。[59] 会议决定国民党中央执、监委员会不设主席，通过中央政治会议组织原则，全体中央执、监委员为当然委员，候补中央执、监委员可列席会议，设蒋介石、胡汉民、汪精卫 3 名常委，轮任主席。蒋介石宣布辞去国民政府主席及行政院长职务，选举林森为南京国民政府主席，孙科任行政院长。12 月 29 日，四届中央执行委员会举行第一次常务会议，决议设海外党务委员会，推陈耀垣、周启刚、萧吉珊、黄慕松、曾养甫、李绮庵、崔广秀等 16 人为中央海外党务委员会委员，以周启刚为主任委员，陈耀垣为副主任委员。[60]

1932 年元旦，国民党中央执行委员会西南执行部、国民政府西南政务委员会在广州成立。[61]1 月初，陈耀垣与唐绍仪、胡汉民、汪兆铭、孙科、邓泽如、萧佛成、陈济棠、许崇智、李宗仁等 60 名委员联名发出宣言通电，宣布取消广州国民政府，"自兹以往，以党权统于中央，以治权还诸统一政府，并遵四全大会决议案，设立中央执行委员会西南执行部、西南政务委员会、西南军事分会，负均权共治之责，……而促地方党务之发展、政治之修明"。[62] 新建的西南两机关从党政两方面继承了"非常会议"与"国民政府"的基本职责，陈耀垣为西南执行部委员之一。其时实际掌握广东军政大权的陈济棠则是唯一兼任两机关常委的人。西南当局与南京政府的对抗是全方位的，包括党务、政治、经济、军事等各个层面，一直到 1936 年夏，西南都维持着这种半独立的局面。[63] 西南政府内部其实亦并非"一团和气"，各怀目的，矛盾重重。据吴稚晖分析，西南可分超然派、国民党右派、西山派、桂系李宗仁、改组派及国民党第三党等六大派系。而陈耀垣与邓泽如、萧佛成、邓青阳等属国民党右派，他们出身西南，为"打抱不平，容许列名"于西南政府。[64]（图3-41至图3-43）3月24日，国民政府行政院十五次会议决议，任命吴铁城、周启刚、曾养甫、陈耀垣、郑占南、黄任元、刘涤寰、陈嘉庚、张永福等52人为侨务委员会委员，并指定吴铁城为委员长。[65]（图3-44）

1932年1月28日，日本侵略军进攻上海，当时驻上海一带由蒋光鼐及蔡廷锴等指挥的粤军第十九路军等奋起抗战。由于供给不足，武器装备落后，而国民政府内部抗日意见不一，十九路军孤军奋战，上海最终失守。在英、美、法等国"调停"下，中日双方于3月3日宣布停战，并于5月5日签订《上海停战协定》（亦称《淞沪停战协定》）。根据《协定》的内容，中国实际上承认日本军队可以长期留驻上海吴淞、闸北、江湾引翔港等地区，而中国军队却变相不能在上海周围驻所设防。《协定》第四条及附件第三号还在"共同委员会"名义下，变相把从长江沿岸福山到太仓、安亭及白鹤江起直到苏州河北为止的广大地区，划给了日本及英、美、法、意等帝国主义共管。《上海停战协定》的签订，使上海成为日本侵华的重要基地。

在战役发生与协定谈判期间，西南政府已经向南京中央政府连发两电，主张上海淞沪战役与东北三省事件同时解决，对于三项撤兵原则，中方均不可接受。国民党中央执行委员会复电，亦表示中央初衷

图3-37　1931年前后，古应芬赠陈耀垣签名照。

1931年2月，胡汉民因"约法之争"被蒋介石扣押软禁于南京。古应芬、唐绍仪、孙科等粤籍中委在广州集结反蒋力量，形成宁粤对峙局面。

This is the autographed photo from Gu Yingfen to Chan Yew Foon in 1931.
In February 1931, Hu Hanmin was put under house arrest by Chiang Kai-shek in Nanjing. In response, his fellow Cantonese followers, including Gu Yingfen, Tang Shaoyi and Sun Fo, left Nanjing and gathered various anti-Chiang factions in Guangdong to protest, which is called the Nanjing–Canton Split.

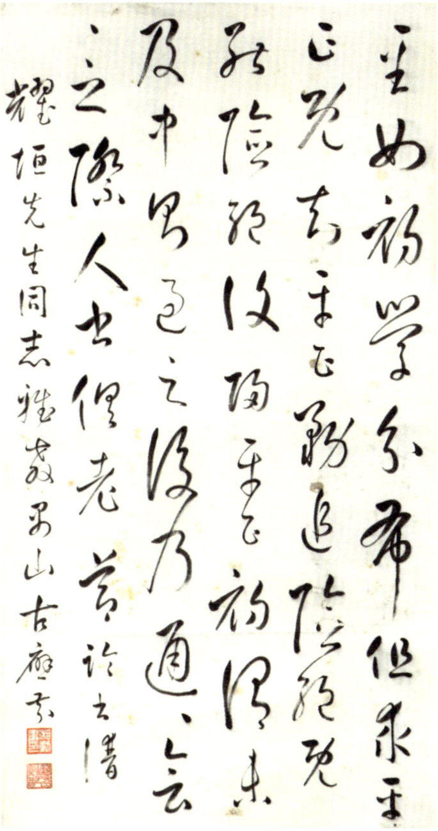

图3-38　古应芬赠陈耀垣的节临《书谱》书法手迹。（陈国勋先生藏）

古应芬（1873-1931），字湘芹，广东番禺人，历任陆海军大元帅府大本营秘书长、大本营财政部长、国民政府文官长等。

This is the calligraphy by Gu Yingfen which he gave as a gift to Chan Yew Foon. (Personal collection of Mr. Chen Guoxun)
Gu Yingfen (1873–1931), courtesy name Xiangqin, a native of Panyu in Guangdong, was the Secretary-General and Minister of Finance of the Generalissimo Residence in Guangzhou, and Head of Civil Servants of the National Government of the Republic of China.

图 3-39　1931 年的陈耀垣。

1931 年 5 月，反蒋各派宣布在广州成立国民政府，与南京政府相对峙。陈耀垣为粤籍中央执行委员，感情上倾向支持西南当局。

Chan Yew Foon in 1931.

Hu Hanmin's fellow Cantonese followers gathered various anti-Chiang factions and established its own National Government in Guangzhou in May 1931 during the Nanjing-Canton Split. As a native of Guangdong, Chan Yew Foon tended to support the Canton side in the conflict.

图 3-40　陈耀垣（右）与时任广东省政府主席兼财政厅长林云陔（左）的合影。
1932 年元旦，国民党中央执行委员会西南执行部在广州成立，陈耀垣为西南执行部委员之一。

This is a group photo of Chan Yew Foon (right) with Lin Yungai (left), the then Chairman of Guangdong Provincial Government and concurrently Director-General of the Provincial Department of Finance.
On New Year's Day in 1932, the Southwest Headquarters of the Kuomintang Central Executive Committee was established in Guangzhou. Chan Yew Foon was one of its members.

图 3-41　张人杰赠陈耀垣签名照。
张静江（1877-1950），字人杰，浙江湖州南浔镇人，国民党元老。
This is the autographed photograph that Zhang Jingjiang gave as a gift to Chan Yew Foon. Zhang Jingjiang (1877-1950), courtesy name Renjie, was a native of Zhejiang and a senior member of Kuomintang.

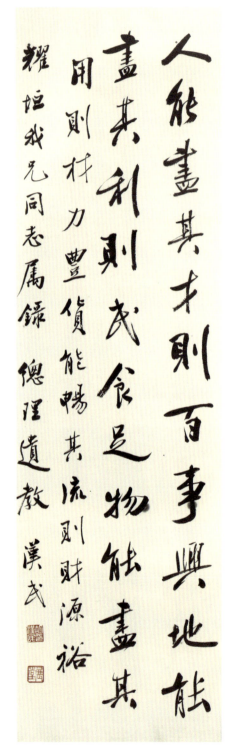

图 3-42　曾养甫赠陈耀垣签名照。
曾养甫（1898-1969），广东平远人，曾任
广州特别市市长、广东省财政厅厅长等。
The autographed photograph from Zeng
Yangpu to Chan Yew Foon.
Zeng Yangpu (1898-1969), a native of
Pingyuan of Guangdong, was once the
Mayor of Guangzhou and the Secretary for
Finance of Guangdong.

图 3-43　胡汉民书赠陈耀垣的行书条幅，内容
录写的是孙中山《上李鸿章书》中的名句。（陈
国勋先生藏）
The vertically-hung scroll of calligraphy that
Hu Hanmin inscribed to Chan Yew Foon. The
content on the scroll is copied from Dr. Sun
Yat-sen's proposals for reform to Li Hong-
zhang.

图 3-44　1932 年 4 月 2 日，任命陈耀垣为国民政府侨务委员会委员的任命状。

This is the Letter of Appointment that named Chan Yew Foon as a member of the Overseas Chinese Affairs Council of the National Government on April 2, 1932.

与西南政府意旨并无二致。但是最终签订公布的《上海停战协定》丧权辱国，使已经蓬勃发展起来的反日浪潮如火上浇油。5 月 16 日，陈耀垣与萧佛成、唐绍仪、邓泽如、邹鲁、陈济棠、李宗仁、刘纪文、余汉谋等在广东的中央执、监委员联名通电反对《上海停战协定》。通电中声讨南京政府的不抵抗政策，"政府日宣言长期抵抗，乃独忙迫于迁都，十九路孤军奋斗，卒以援绝退守，群情愤激，不可终日"；针对停战协议的内容，西南通电逐一驳斥："即就协议而论，如第二条规定，所谓'常态'究如何始得谓之常？所谓'办法'，究如何决定？均未附以明确之注释，日人若借口'办法'未决定、'常态'未恢复，则附件第一号所列广泛之区域，我国将永无驻兵之自由，虽附则规定共同委员会可监视履行，

而最终之权亦仅可促其注意而不能强其必从。至第四条规定，双方撤退是以侵略者与被侵略者等量齐观，且我国军队在我国领土内，何有撤退之可言？又同条规定，日军撤退，以中国警察接管，我国所附声明书更声言愿自动设立特别治安警察队以维持秩序，是不啻自承该处以后只可以警察防守，而无驻军之权，与《辛丑条约》天津附近区域内不能驻兵之规定何异？"而且《上海停战协定》的签订内容，南京政府始终讳莫如深，仓促通过，"外交大事，苟非丧权辱国，何以必要绝对秘密，急行签字？昔袁逆签订二十一条之约，秘密卖国，国人至今痛恨，我革命政府当局，奈何躬自蹈之？"[66]

西南政府期间，陈耀垣积极参与地方建设事务。1932-1936 年，他三度连任任广东省银行董事。[67]（图 3-45）1932 年，

陈耀垣与邓泽如、林直勉、黄隆生等被聘为第二届修筑黄花岗委员会委员,在修建会议上决定收回烈士墓前田地十五亩,以备修筑墓前石阶。(图3-46)广东潮梅治河分会成立已久,但主事者徒虚有其表,对于治河工作置于不闻不问,大雨一至,韩江洪水泛滥,民众深受其苦。1932年9月,广东省当局将原主事者撤职,另委罗翼群、陈耀垣、李国模三人为委员。陈耀垣等三委员奉命经香港赴汕头,受到潮州商会同仁的欢迎。[68](图3-47)1932年,陈耀垣为潮州华侨社团岭东华侨互助社成立三周年题写"爱国护侨"题词,以资鼓励。(图3-48)1933年2月14日,陈耀垣任填筑汕头堤坦设计委员会委员。[69](图3-49)1933年7月,任广州中山纪念堂纪念碑建筑管理委员会常务委员,兼中山纪念堂秘书。11月15日,任粤汉南段广九株韶三路驻路总稽核。[70](图3-50)

1933年9月9日,广州各界举行孙中山首次起义三十八周年纪念大会。陈耀垣在会上演讲,回顾孙中山发动乙未广州起义的经过情形。他说:"我们知道当时革命力量如此薄弱,就在总理当时也未必敢说一鼓成功,不过只求影响全国人心,使国人知道政府腐败,和有革命这一件事罢了。"他鼓励民众,"现在中国革命尚未成功,我们纪念总理,就应该本着总理这种大无畏精神去完成革命使命。……才可以对总理而无憾! 才不负纪念总理的意义!"[71]

1934年1月,国民党四届四中全会在南京召开,会议讨论西南地区改革政治、中央与地方均权等事宜,提出集中充实国力、以救亡图存等宣言。陈耀垣与萧佛成、陈济棠、邹鲁、刘纪文、林云陔、林直勉等10多名西南政府主要成员联名向国民党四届四中全会提案3件,包括:"1、改革内政案,即系根据胡展堂先生宣言中之八项方案所草成。2、分区促进训政工作案。3、中山大学请拨建筑费案。"[72]

1935年5月底,日本关东军天津驻屯军借口中国当局破坏《塘沽协定》,向国民党军事委员会北平分会代理委员长何应钦提出对华北的统治权,并从东北调集大批日军入关,以武力相要挟。6月,何应钦与日本华北驻屯军司令官梅津美治郎谈判,达成了所谓的《何梅协定》,日本实际取得了对华北的控制权。陈耀垣当时正在粤东汕头办理筹备广汕铁路事宜,得悉华北事发,西南执行部发出齐电,时局日渐紧张,即于6月27日离开汕头经香港回广州,往访西南执行

图3-45 1932年5月28日,任陈耀垣为广东省银行董事的任命状。西南政府期间,陈耀垣积极参与地方建设事务。1932-1936年,他三度连任任广东省银行董事。

This is the Letter of Appointment that appointed Chan Yew Foon as a member of the Board of Directors of the Kwangtung Provincial Bank on May 28, 1932.

Chan Yew Foon participated actively in local affairs in the Southwest regime. He served for three terms of office as a member of the Board of Directors of the Kwangtung Provincial Bank during 1932–1936.

图 3-46　陈耀垣（左二）与邓泽如（右一）、林直勉（右二）等合影于广州黄花岗七十二烈士墓。

1911 年广州三·二九起义中英勇牺牲的烈士遗骸收殓安葬于红花岗（后改名"黄花岗"）。1932 年，陈耀垣与邓泽如、林直勉、黄隆生等被聘为第二届修筑黄花岗委员会委员。

This is a group picture of Chan Yew Foon (second from left) 、Deng Zeru (first from right) and Lin Zhimian(second from right) in front of the Huanghuagang 72 Martyrs Cemetery in Guangzhou, where the remains of the martyrs of the Second Guangzhou Uprising in 1911 were buried. Chan was appointed as a member of the 2nd Construction Advisory Committee of Huanghuagang in 1932.

图 3-47　1932 年 10 月 5 日，岭东华侨互助社欢迎陈耀垣（前排左五）及西南政务委员罗翼群（前排左六）合影。

Chan Yew Foon (front row, fifth from left), and Luo Yiqun (front row, sixth from left), member of the Southwest Headquarters of the Kuomintang Central Executive Committee were welcomed by the Overseas Chinese Association of East Guangdong on October 5, 1932.

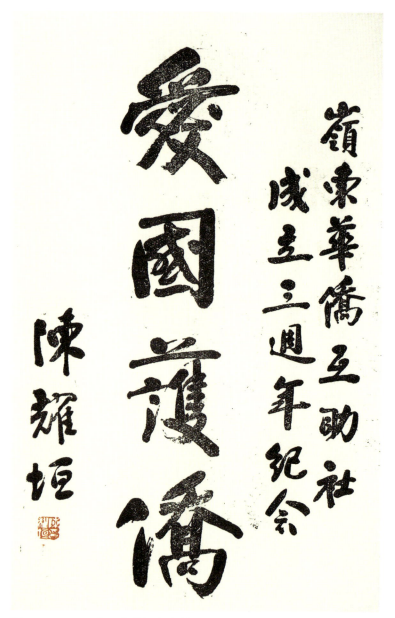

图 3-48　1932 年，陈耀垣为潮州华侨社团岭东华侨互助社成立三周年题写的"爱国护侨"题词。

Chan Yew Foon's inscription for the third anniversary of the founding of the Overseas Chinese Association of East Guangdong in 1932.

图 3-49　1933 年 2 月 14 日，派陈耀垣为填筑汕头堤坦设计委员会委员的派状。

The Letter of Appointment that designated Chan Yew Foon as a member of the Design Council of Shantou Embankment on February 14, 1933.

图 3-50　1933 年 11 月，派陈耀垣为粤汉南段广九株韶三路驻路总稽核的任命状。

The Letter of Appointment to appoint Chan Yew Foon as Auditor-General of the southern part of Canton-Hankow Railway, Canton-Kowloon Railway, and Zhuzhou-Shaoguan Railway.

部各常委叩询时局真相，并出席常务会议等。[73]7月9日上午，陈耀垣出席国民革命军誓师纪念军典礼，并做报告：敦劝恢复九年前所表现之革命精神，并主张从速实施孙中山所定之复兴程序。[74]

11月7日，西南政务委员会推荐邹鲁、林翼中、刘纪文、陈耀垣、黄旭初等5人赴南京出席国民党第五届全国代表大会。[75]11月12日，五全大会在南京开幕。在日本侵华步步紧迫，全国抗日情绪高涨的情况下，大会接受蒋介石提出的外交方针，并"授权政府，在不违背方针之下，政府应有进退伸缩之全权，以应此非常时期外交之需要。"会议并发布以"建设国家挽救国难"十条措施为主要内容的宣言。12月7日，国民党五届一中全会推选海外党务计划委员会主任委员为周启刚，副主任委员为萧吉珊、陈耀垣。[76]12月20日，陈耀垣与张任民、伍智梅等代表乘日本皇后轮南返抵香港。陈耀垣接受香港记者采访谈五全大会见闻云："本人对此次五全会之观感颇佳，苟我国能坚持精诚团结干去，将来国家复兴必有利赖。是次大会，尤堪欢悦者，则为海外华侨代表，彼等于十数年来，未尝归国出席者，今次竟参加，此种团结精神，实属难能可贵。"[77]

1936年1月28日，广东各界为纪念淞沪抗日四周年，在广州中山纪念堂召开"一·二八"纪念大会，各机关、学校、团体代表及国民党各级党部党员出席参加，极一时之盛。陈耀垣担任纪念大会主席，并致辞动员民众努力奋斗、誓死抗日，大意略谓：

今日为四年前日本帝国主义者以武力压迫上海，侵犯我国领土，淞沪抗日四周年纪念日。当时驻在我国上海之日本海军陆战队登岸，限我驻军于廿四点钟内，退出上海。但上海是我中国所有的领土，日本海军陆战队何能以武力限我驻军退出？于是十九路军因愤暴日之横蛮无理要求，遂群起而奋

勇抵抗，乃有淞沪之战役事件发生，结果因上海有各国租界，日本军队遂藉上海租界为护符。东北五省失陷，初因无抵抗，以致被日本侵占而亡。而今日召开"一·二八"淞沪抗战纪念大会，其意义亦不外欲保存我民族之生存，与国家领土之完整。希望全国民众一致起来努力奋斗，继续"一·二八"十九路军抗敌精神，充实国力，准备抗敌，誓死恢复我东北失地，保存我中华民族之生存，即为今日召开纪念大会之重要义务云。[78]

在制度设计上，西南执行部与西南政务委员会两机关是控制西南各省政务、党务的中枢机构，接受胡汉民指导，由元老派控制，但实际上受到广东实力派的资助与制约，权力有限。[79]在西南当局内部，掌握广东军政大权的陈济棠等为首的地方实力派与以胡汉民为首的元老派长期貌合神离，各怀心事，陈对胡等人的方针是："尊之如神仙，防之若强盗。"[80]1936年1月25日，因与西南当局地方实力派矛盾重重而借口养病欧游数月的国民党元老胡汉民自香港回到广州。因胡汉民之特殊地位，西南当局与南京政府都想争取。胡汉民既不愿放弃自己的政治主张，又不想和南京政府彻底决裂；虽看穿掌握广东军政大权的陈济棠阳奉阴违，但留在广东毕竟比较安全，在矛盾的心理下，北上还是留在广州，迟疑未决。5月9日，胡汉民病危，遂急召萧佛成、陈济棠、邹鲁、林云陔、陈耀垣等至床前口授遗嘱，由萧佛成笔记。"[81]5月12日，胡汉民因脑溢血不治逝世。西南执行部与西南政务委员会组成临时联席会议推员成立胡汉民治丧委员会，陈耀垣为9名常务委员之一。[82]西南执行部政务会并决定在粤各中委及党政长官编作18组为轮流守护胡汉民之灵堂，按轮值表，陈耀垣、李仙根、谭惠泉、陈肇琪等编为一组。[83]又成立胡汉民国葬典礼办事处，分总务、宣传、文书、财务、典礼、交通、警卫、招待组等8组办公，陈耀垣为财务组负

责人。[84]

胡汉民去世后，蒋介石乘机要拔除西南两机关。两广地方实力派心有不甘，陈济棠、白崇禧、李宗仁等于 1936 年 6 月发动"两广事变"。蒋介石对陈济棠、李宗仁采取一拉一打的分化手段，以瓦解两广联盟。轰动一时的"两广事变"很快结束，陈济棠通电宣布下野。8 月 10 日，南京国民政府任命黄慕松（1884～1937，广东梅县人）任广东省政府主席，又改组国民党省市党部。

1937 年 2 月上旬，陈策、陈耀垣、李绮庵、崔广秀赴南京出席国民党五届三中全会，拟定《救济粤粮食办法》等提案多件。[85]五届三中全会上宋庆龄、何香凝、冯玉祥等 14 人联名提出《恢复孙中山先生手订联俄、联共、扶助农工三大政策案》。宋庆龄并在会上发表演说进一步强调："救国必须停止内争，而且必需运用包括共产党在内的全部力量，以保卫中国国家的完整。中国人不应当打中国人，这是不言而喻的。"[86]全会基本确定了停止内战，实行国共合作的原则，抗日民族统一战线初步形成。

7 月 7 日，日本挑起卢沟桥事变，发动全面侵华战争。中国军民掀起了全民族抗战的高潮。1937 年底，陈耀垣奉国民政府特派赴中南美洲宣达政府抗战意旨，慰问侨胞，推销救国公债。10 月 24 日，陈耀垣与奉派往欧美宣慰的中央委员刘维炽在九龙启德机场乘泛美航空公司飞机出发，到机场欢送刘、陈的各界代表不下百余人。[87]

陈耀垣保存沿途与各侨胞聚会照片，大致可勾勒出其大概行程：1937 年 12 月，墨西哥——1938 年 1 月，古巴、巴拿马、厄瓜多尔——1938 年 2 月，秘鲁——1938 年 3 月智利。沿途主要拜访国民党驻各地支部，如秘鲁介休埠国民党分部、国民党驻智利直属支部等；国民政府驻各地公使馆，如国民政府驻古巴公使馆、国民政府驻巴拿马公使馆；以及各华侨团体，如旅古巴中山同乡会、巴拿马科隆中华公所、墨西哥华侨抗日救国会、厄瓜多尔惠夜基埠中华商会、秘鲁通惠总

局、智利圣地亚哥中华会馆、古巴湾城陈颖川总堂、旅秘鲁五邑古冈州会馆等等。陈耀垣以国民党中央委员身份代表国民政府作为中南美洲宣慰专员，受到各地华侨和党部的热烈欢迎，陈耀垣也积极利用拜访各社团及出席各地华侨举行的欢迎大会机会，发表演说，慰问侨胞，宣传国民政府抗战意旨，并推销公债筹募抗日经费。抗战期间，中南美洲华侨义捐成绩突出，据统计，抗战初期墨西哥华侨抗日救国会发动华侨捐款墨西哥币 120 万多元支援国内抗战；覃必古华侨抗日会发动华侨支援国内墨西哥币 118 万多元；秘鲁通惠总局组织对日宣传筹饷会，并在秘鲁各埠设立分会，领导侨胞捐款合共 100 多万美元支持祖国抗战等等。陈耀垣远赴中南美洲宣慰联络华侨，积极宣讲发动筹款抗日，显然也起了十分积极的推动作用。（图 3-51 至图 3-73）

1938 年 10 月广州沦陷，陈耀垣与部分国民党中央委员避居香港。

在中国抗日战争的最艰苦时期，1938 年日本政府近卫文麿内阁接连发表威胁国民政府、企图灭亡中国的三次声明。1 月 16 日，近卫发表声明称：国民政府策动抗战，日本将"不以国民政府为对手，而期望真能与帝国合作之中国新政权之建立与发展，并将与此新政权调整两国邦交"。11 月 3 日，发表补充声明称：如国民政府"坚持抗日容共政策，则帝国决不收兵，一直打到它崩溃为止"。12 月 22 日，又发表第三次声明，提出"日满华三国[88]应以建设东亚新秩序为共同目标而联合起来，共谋实现相互善邻友好、共同防共和经济合作。"在民族存亡的时刻，蒋介石并没有停止抗战。但此时国民党内部却发生了严重的分裂，12 月 29 日，身为国民党第二号人物的汪精卫公然发表致重庆国民党中央党部、蒋介石及国民党中央执监委员的公开"艳电"，表示响应"近卫声明"，提出国民政府应以日本人提出的"善邻友好"、"共同防共"及"经济提携"为根据，与日本政府交换诚意，以期恢复和平。[89]

图 3-51　1937 年 12 月 19 日，墨西哥首都墨西哥城华侨抗日救国后援会全体职员欢迎陈耀垣（前排左五）合影。

1937-1938 年间，陈耀垣奉派赴中南美洲宣达政府抗战意旨，慰问侨胞，劝募救国公债。

Chan Yew Foon was sent by the government to Central and South American in 1937 — 1938 to publicize and raise fund for the Anti-Japanese War among overseas Chinese. This is a group photo of Chan Yew Foon (front row, fifth from left) with all the staff of the Mexico City Chinese Emergency Relief Society on December 19, 1937.

图 3-52　1937 年 12 月 28 日，陈耀垣与墨西哥参渭华侨抗日会合影于墨西哥覃必古。

据统计，抗战初期覃必古华侨抗日会发动华侨支援国内墨西哥币 118 万多元。

A group photo of Chan Yew Foon with the Canwei Overseas Chinese Anti-Japanese Salvation Committee taken in Tampico of Mexico on December 28, 1937. According to statistics, at the beginning of the second Sino-Japanese War, the Tampico Overseas Chinese Anti-Japanese National Salvation Association raised over 1.18 million Mexican Pesos in support of the War.

图 3-53　1937 年 12 月 30 日，陈耀垣（中）与墨西哥墨港华侨抗日救国会会员合影。据统计，抗战初期墨港华侨抗日救国会发动华侨捐款墨西哥币 120 万多元支援国内抗战。

A group photo of Chan Yew Foon (middle) with the Mogang Overseas Chinese Anti-Japanese National Salvation Association in Mexico on December 30, 1937. According to statistics, at the early stage of the War, the Mogang Overseas Chinese Anti-Japanese National Salvation Association had raised over 1.2 million Mexican Pesos in support of the War.

图 3-54　中山隆善社欢迎陈耀垣（前排中）合影。

A group photo of Association Lung Sing Sea welcoming Chan Yew Foon (middle in the front row) in Lima, Peru.

图 3-55　陈耀垣（前排左八）与厄瓜多尔惠夜基埠中华商会会员合影。

Chan Yew Foon (front row, eighth from left) with members of the Chinese Chamber of Commerce of Guayaquil of Ecuado.

图 3-56　陈耀垣（左一）在厄瓜多尔惠夜基埠全体华侨欢迎大会上演讲照。

Chan Yew Foon (first from left) gave a speech in the welcome meeting held by overseas Chinese in Guayaquil of Ecuador.

图 3-57　1938 年 1 月，古巴公使馆及全体华侨在码头欢迎陈耀垣（前排右十）合影。
The Chinese Legation in Cuba and all the overseas Chinese in Cuba welcome Chan Yew Foon (front row, tenth from right) in a wharf in January 1938.

图 3-58　1938 年 1 月 5 日，旅古巴中山同乡会欢迎陈耀垣（前排中）合影。

A group photo of Chan Yew Foon (front row, middle) with the Cuba Zhongshan Association taken on January 5, 1938.

图 3-59　1938 年 1 月 10 日，旅古巴陈恩成旅所欢迎陈耀垣（前排左五）合影。

Chen Encheng Hostel in Cuba welcomed Chan Yew Foon (front row, fifth from left) on January 10, 1938.

图 3-60　1938 年 1 月，古巴湾城陈颍川总堂欢迎陈耀垣（前排右三）合影。

Chun Wing Chin Tong in Habana of Cuba welcoming Chan Yew Foon (front row, third from right) in January 1938.

歡迎陳宣慰仕耀垣先生大會

中華公所

图3-61 1938年1月26日，巴拿马箇郎中华公所欢迎陈耀垣（中左）合影。
Chan Yew Foon (left in the middle) poses a picture with the Chinese Consolidated Benevolent Association of Colon, Panamá on January 26, 1938.

图 3-62　1938 年 1 月 26 日，陈耀垣（左二）离开巴拿马箇郎埠乘船往秘鲁，在车上与驻巴拿马公使沈觐鼎（右三）、李领事（右一）、吴伯群（右二）等合影。

Chan Yew Foon was leaving Colon, Panamá and going to Peru by ship on January 26, 1938. This is a photo of him (second from left) with Shen Jinding (third from right), the Chinese Minister to Panama, Consulate Li(first from right) and Wu Boqun(second from right).

图 3-63　1938 年 2 月 8 日，秘鲁介休埠华侨各社团联合欢迎陈耀垣（中）合影。

The mass organizations of overseas Chinese in Callao of Peru welcoming Chan Yew Foon (middle) on February 8, 1938.

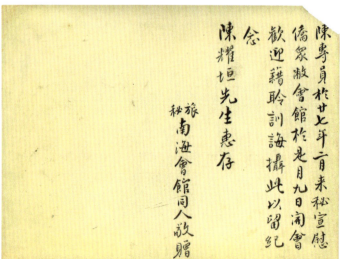

陈专员於廿七年一首来秘宣慰
侨众溆会馆於是月九日莅会
欢迎藉聆训诲摄此以留纪
念
陈耀垣先生惠存
旅
秘南海会馆同人敬赠

图 3-64 1938 年 2 月 9 日，秘鲁南海会馆欢迎陈耀垣（前排左五）合影。
Chan Yew Foon (front row, fifth from left) with Nanhai Society of Peru on February 9, 1938.

图 3-65　1938 年 2 月，秘鲁中山会馆欢迎陈耀垣（前排左六）合影。
Sociedad Chung Shan Huy Cun (Peru Zhongshan Association) welcoming Chan Yew Foon (front row, sixth from left) in February 1938.

图 3-66　1938 年 2 月 15 日，中国致公党驻秘鲁总支部欢迎陈耀垣（前排左四）留影。

The China Zhi Gong Party General Branch in Peru welcoming Chan Yew Foon (front row, fourth from left) on February 15, 1938.

图 3-67　1938 年 2 月 16 日，秘鲁鹤山会馆欢迎陈耀垣（前排右三）合影。

Peru Heshan Association welcoming Chan Yew Foon (front row, third from right) on February 16, 1938.

图 3-68　1938 年 2 月，陈耀垣（前排左三）与旅秘鲁五邑华侨在古冈州会馆前合影。

The overseas Chinese from Wuyi residing in Peru welcoming Chan Yew Foon (front row, third from left) in February 1938.

图 3-69　1938 年 2 月，秘鲁通惠总局欢迎陈耀垣（右四）合影。
通惠总局是秘鲁华侨的全国性总机构。抗战爆发后，该局组织对日宣传筹饷会，并在
秘鲁各埠设立分会，领导侨胞捐款合共一百多万元支持祖国抗战。

Sociedad Central de la Beneficencia China (or Tong Huy Chong Koc, the Central
Benevolent Society of China) in Peru welcoming Chan Yaoyuan (fourth from right)
in February 1938.

Sociedad Central de la Beneficencia China is the national organization representing
the Chinese in Peru. Soon after the break out of the Anti-Japanese war, it organized
fundraising society and opened branches in various ports in Peru to raise funds,
supporting more than one million U.S. dollars in total to the war.

图 3-70　1938 年 3 月 6 日，中国国民党驻智利直属支部欢迎陈耀垣（坐者左六）合影。

Kuomintang Chile Branch (directly subordinate to the Kuomintang headquarters) welcoming Chan Yew Foon (sitting, sixth from left) on March 6, 1938.

图 3-71　1938 年 3 月，智利首都圣地亚哥中华会馆同人欢迎陈耀垣（中）餐会合影。

Fellowmen of Santiago Chinese Benevolent Association in the capital of Chile welcoming Chan Yew Foon (middle) in a feast in March 1938.

图 3-72 1938 年 3 月 26 日，陈耀垣（前排左六）与旅智利国晏道化埠华侨合影。

The overseas Chinese in Chile welcoming Chan Yew Foon (front row, sixth from left) on March 26, 1938.

图 3-73 斗门公所欢迎陈耀垣（二排左八）合影。

Doumen Society held a meeting to welcome Chan Yew Foon (second row, eighth from left).

1939 年 1 月 1 日，国民党中央召开临时紧急会议，决定永远开除汪精卫党籍并撤销其一切职务。1 月 5 日，陈耀垣与罗翼群、刘维炽、李绮庵、陈庆云、余俊贤等 12 人联名发电报致国民党总裁蒋介石及中央各执监委员声讨汪精卫可耻的卖国行为，电文云：

> 报载汪精卫先生艳日向中央建议与敌媾和，不胜骇异。窃维敌人之企图灭我国，为其传统政策，欲破其迷梦，端赖长期抗战。现在全国人心团结一致，愿与偕亡，国际形势亦已转好，敌首相近卫知我政府之不可屈，民气之不可侮，乃以甘言诱惑，欺人自欺。值兹严重时期，国人益宜再接再厉，与敌周旋，争取最后胜利。不意汪氏竟有媾和之谬说，同人等愤懑之余，丞盼中央当机立断，迅予严密处置，以正观听。[90]

1 月，陈耀垣与陆幼刚等居港国民党中委乘广州号轮赴越南海防市，再转云南入四川，出席在重庆举行的国民党五届五中全会，代表留港中委向全会提案"除拥护抗战到底，主张缉办汪精卫外，特提救济广东难民，加强人民武装守土抗战方案"。[91]陈耀垣关注筹款救济受抗战影响的国内难民同胞事宜。1939 年 5 月 10 日，他与周寿臣、何香凝、陈策、胡木兰、廖梦醒等数十人出席支持广东省赈济委员会留港顾问及委员谈话会。赈委会计划设立工厂 70 余间、收容难胞、以工代赈，并划定东西南北四区进行移垦，在附近战区地带设立小型救济站，以为疏散妇孺沿养休息之用等，并决定向各界进行募捐工作。[92]

抗战期间，陈耀垣多次出席在重庆举行的国民党中央全会，为凝聚全国力量抗战努力。1939 年 11 月中旬，陈耀垣出席在重庆召开的国民党五届六中全会，会议宣言中重申了抗战以来的基本国策，包括反对日本侵略、尊重国际公约、

图 3-74 陈耀垣（右一）与孙科（左三）等合影。
Chan Yew Foon (first from right) and Sun Fo (third from left) in Nanjing.

不参加防共协定及外交自立自主四大原则。[93]1940 年 7 月上旬，陈耀垣出席在重庆召开的国民党五届七中全会，会议着重讨论抗战期间的经济问题，通过《请严令各省政府认真执行中央平抑物价政策，借以平抑物价安定社会案》等一系列

决议案；会议还发表宣言阐述抗战决心、共同努力。[94]1941年3、4月间，陈耀垣出席在重庆召开的国民党五届八中全会，会议决定实行统制经济，中央接管田赋，行政院增设贸易

图 3-75　蒋介石赠陈耀垣签名照。
抗战期间香港沦陷，陈耀垣脱险抵达广西梧州，不慎失足坠楼跌伤。后蒋介石赠予医药费五千元，得以治愈。
The autographed photo of Chiang Kai-shek to Chan Yew Foon. Chan Yew Foon safely escaping from Hong Kong when Hong Kong was defeated during the Anti-Japanese War and arrived in Wuzhou of Guangxi. He felt off a building and was injured. He was fortunately healed with 5,000 *yuan* that Chiang Kai-shek gave him for his medical treatment.

部和粮食部等。[95]4月，陈耀垣任中国国民党港澳总支部执行委员。[96]

1941年12月7日，日本空袭珍珠港。次日，日本取道中国大陆进攻香港，英军被迫撤离新界及九龙，退守港岛。12月25日，港督杨慕琦宣布投降，香港沦陷。次年初，日本总督部修订出入境法例，其目的在于限制国民党高官、抗日爱国知识分子与共产党员等任意离境。当时居留在港的陈耀垣乔装后辗转经水路潜至中山小榄脱险，再由挺进第七战区第三纵队司令袁带派员护送至广西梧州。因不便暴露身份，陈耀垣只得屈居于梧州某旅店二楼。据说"由于他是在日敌之猛烈炮火下被抢救出来的，沿途又经过无数敌人之关卡，故精神极度紧张，晚上入睡时，梦到敌军追捕，即下床逃走，不慎从旅店二楼窗口跌下马路，躺倒在路上不省人事。早上路人发觉，马上通知医院派护士救人，但伤者是谁？却无人知道。后刚好该医院副院长、妇儿科主任陈秋容女士（斗门南山乡人）率领护士到现场一看，才大惊失色，原来是自己的堂二哥，立即亲自动手进行抢救。后来，在陈秋容的悉心护理下，身体很快得到康复。"[97]陈耀垣在《自传》中亦曾回忆："香港沦陷脱险抵梧，失足坠楼跌伤，幸总裁给予医药费五千元，得以治愈。"[98]（图 3-75）陈耀垣之子陈国权、陈国勋曾回忆：香港失陷后，"父亲由港化装逃回内地，在梧州意外坠楼受伤，被送往医院治疗。又以过度关怀家人的结果，同时患上神经衰弱症。当时，我们一家人还旅居在饥荒动乱的澳门。惊闻父亲不幸的消息，母亲偕我们不顾崎岖长远的路程及拮据的经济步行到梧州与患病体弱的父亲重聚。"[99]（图 3-76、图 3-77）

当时在广西的国民政府军事委员会军风纪巡察团委员陆幼刚中将闻得陈耀垣不慎坠伤，专程前往梧州探问并了解陈耀垣动向。（图 3-78）陈耀垣因为经济困窘又兼患病不能偕眷远行，决定暂迁广西郁林县。不久陆幼刚到重庆，得知日寇将由南路登陆，便马上回广东茂名与当局商量守御之策。

图 3-76　1936 年 8 月 26 日，任命陈耀垣为广东省银行董事会董事的任命状。

Letter of Appointment that named Chan Yew Foon as a member of the Board of Directors of the Kwangtung Provincial Bank on August 26, 1936.

图 3-77　1943 年 7 月 4 日，梧州广东省银行新行落成同人留影。前排右四为陈耀垣。

Chan Yew Foon (front row, fourth from right) took a photo with colleagues in the inauguration ceremony on a new site of the Kwangtung Provincial Bank in Wuzhou on July 4, 1943.

图 3-78　1939 年 12 月，陆幼刚赠陈耀垣签名照。

陆幼刚（1892-1983），广东信宜人。抗战时任国民政府军事委员会军风纪巡察团中将委员。日寇会攻广西，他与在梧州的陈耀垣横越敌后，同到重庆，共赴国难。

A autographed photograph from Lu Yougang to Chan Yew Foon in December, 1939.

Lu Yougang (1892-1983) is from Xinyi, Guangdong. He was a member of the discipline committee of the Kuomintang Military Commission and was Chan's accompany to Chongqing.

仅数日，日寇由茂名信宜翻越粤桂交界大山进攻梧州，会攻广西平南。陆幼刚横越敌后与陈耀垣在郁林县郁城会面，他们决定同到重庆，共赴国难，而陈耀垣家眷则安排到陆幼刚的家乡信宜县，与陆氏的亲属一起共同进退。陈耀垣赴重庆之经过颇为曲折。其时正好桂南派兵赴宾阳领械御敌，他与陆幼刚等于是与军队同行。途遇伏匪，他遣人询问伏匪意欲何为，并转告同行者姓名任务等，回报伏匪约定互不攻击，并建议他们迅速通行，不要停留，否将遇敌。黄昏到达贵州境内某县，县城无一人，觅食无所得，途中遇见一个哨兵，才得知县长藏匿山中，与之通电话。县长谓日寇迫近，如不入山，则应从间道速行。他们在县城旅店小憩片时，已隐约听闻炮声，乃匆忙起行。下午到某营站，知第四战区司令长官张发奎正在前方指挥，急忙联系并蒙张氏遣军车接送至宾阳相晤，陈耀垣与陆幼刚等始离险境。稍后，他们从宜山、河池至南丹，当时广西铁路因为燃煤短缺停驶，避难者都拥挤在火车站进退不得，朔风怒号，妇女啼哭。陈耀垣等发电报到交通部，请设法疏散。刚好某商有货车去重庆，答允顺道载陈、陆等同行，途经芭蕉坪，山陡路曲，风雪泥泞，车坏几覆，爬行一日，始改乘渡船。及至海棠溪，林云陔派车接他们至陶园邸舍暂居，一路辗转奔波，至此才稍得安歇。[100] 1945 年 5 月，中国国民党第六届全国代表大会在重庆召开，在大会上陈耀垣当选中央执行委员会委员。[101]

1945 年 8 月 15 日，日本照会中、苏、美、英四国，表示接受《波茨坦公告》。当日正午，日本裕仁天皇宣布无条件投降。1945 年 9 月 2 日，日本签字投降，标志着二战结束。9 月 9 日上午，中国战区受降仪式在中国首都南京中央军校大礼堂举行。中国抗日战争暨世界反法西斯战争取得最后胜利。

1945 年 11 月 12 日，国民政府以陈耀垣在抗战期间著有勋绩，特颁给胜利勋章。[102]（图 3-79）

抗战结束后，陈耀垣和家人回到广州居住。陈耀垣先后有两段婚姻，七个子女。1914 年他与孙中山堂妹孙妙仙女士在夏威夷结婚，婚后一年多生长子陈国檠，孙妙仙不幸产后患产褥热症逝世。1921 年在广州由程天固做媒，陈耀垣与欧阳莱女士（1898–1964）结婚，婚后生育陈慧真、陈国魂、陈国权、陈国勋、陈慧根、陈慧剑六名子女。[103]（图 3-80、图 3-81、图 3-82）此时，长子陈国檠在美国加州大学学习制药，毕业后获得硕士学位，并已成家立室。年幼的子女尚在中小学求学阶段，家境匮乏，生活颇感窘迫。东山马棚岗的旧宅在广州沦陷时受到搜掠破坏，"只有家徒四壁，过去的家私杂物早已不知去向。只得买几件木家具，用烂砖砌一个灶因陋就简生活下去。"[104] 陈国勋先生记得，有一天时任广州市市长陈策来访，看到陈家客厅只有几件破旧不堪的家具，他自动建议搬些被政府充公的汉奸家俱给陈家使用，但陈耀垣却婉拒陈策的好意。还有一次国民党总裁蒋介石单独约见陈耀垣，说听到传闻陈家生活有点困难，家费入不敷出。陈耀垣马上回答："这不过是虚传，我的家庭生活素来简单，但全家都健康快乐，谢谢总裁关怀。"蒋介石听后频频微笑点头。[105] 这都充分显示陈耀垣"不屈不挠、不贪不奢"的个性。尽管如此，战争结束一家大小得以团聚生活，虽然艰苦倒也平稳安定。陈国勋先生还记得许多和父亲一起生活时的趣事："父亲对儿女的学业非常重视。吃过晚饭后要我们一齐在大饭枱温习功课，他就在附近一边看报纸一边盯着我们，令到我们颇战战兢兢，所以在温习时间去厕所的次数特多，以大小便为借口来休息。他要我们用枕头袋套在双脚防蚊袭击，访客看到都大笑，认为是最好防蚊咬的妙计。父亲相当严肃，但他也有轻松的一面：他知道我们很喜欢"差利·卓别林"（Charlie Chaplin）、"罗路哈地"、"神经六"的滑稽电影。如果他下班回家，在我们前面行得如差利可笑的行路姿态，我们就会迅速做功课，因为我们知道差利的电影在戏院放映，他准备带我们去看。我们几姐弟看到邻近的小孩们坐着自行车互相追逐，玩得不亦乐乎。我们很想学骑自行车。有一天听到父亲有事会晚一点回家，我们就乘机租了一辆自行车来学习。突然父亲回家看到我们玩自行车，他就面无笑容行过来，我们很惧怕、满以为难逃挨骂的'劫运'。他要我们将车交给他。他的

图 3-79　1945 年 11 月 12 日，国民政府为陈耀垣在抗战期间著有勋绩，特颁给胜利勋章及证书。

A Victory Medal and a Certificate awarded to Chan Yew Foon by the National Government on November 12, 1945, for his meritorious service in the Anti-Japanese War.

图 3-80　陈耀垣与欧阳荥女士（1898-1964）结婚照。

Marriage photo of Chan Yew Foon and Ouyang Qiu(1898-1964).

图 3-81　陈耀垣与妻子、儿女合影。

Photo of Chan Yew Foon with his wife and children.

图 3-82　1947 年 10 月，陈耀垣一家在香港合影。坐者左起：欧阳荥、陈耀垣、陈慧剑；后排左起：陈慧真、陈国勳、陈国权、陈国樑。

Family photo of Chan Yew Foon in Hongkong in October 1947.

忽然出现已令我们手足无措，现在他又要车，更使我们不知如何是好，大家都担心他会将车破毁。但我们不敢不将车交给他，谁能料到他自己竟然坐上车座，哈哈大笑，扬长而去。我们愕然！后来他骑车回来，并教我们安全措施及驾驶方法，结果大家尽欢而散。"[106]

陈耀垣对于子女举凡起居、动定、教育、婚姻与前途，莫不关怀备至，予以最殷切的策励与温存。他时时以传统的"大智若愚"、"兄弟不和邻里欺"、"勤俭为齐家之本"等教育子女。子女们认为父亲对事未免过于谨慎和胆怯，不肯利用银行的存款去投资、去营商，因为他们觉得虽然家中钱少，但是假如能利用这些钱放在商场里总比储蓄在银行里获利为大。但是陈耀垣则认为："经商是一种赌博。存款在银行其实也就是一种小经商，虽然息不多，但比朝不保夕的商业却来得可靠而安全。我不愿将家里仅有的款项作孤注一掷，因为我们的钱并不像别人的游资啊！"后来，孩子们看到社会上因为时局不靖、商场不景而破产导致倾家荡产、妻哭儿啼的情景时，才深深感悟到父亲远到的眼光，才觉得他的话"诚为最合逻辑的经济理论"。孩子们也不理解父亲任国民党高官，却为什么不愿应酬，老让自己守在屋子里，与人疏于往来，好像特别孤僻和淡视友谊。后来他们才渐渐明白，父亲不出外作无谓的交际是"为了浩繁的家费而缩源节流而已。"陈耀垣以身作则，他的言行给孩子们做了很好的榜样。他去世后，孩子们深情地回忆："当我们时刻缅怀父亲高洁的人格、勤俭的个性、波涛的一生及光荣的事业时，我们获得很大的鼓励与警惕，将消沉的意志转趋坚强；已成灰的希望从而新生。我们愿让自己沉迷在忆海里。他一生的言行，给我们在生活上以最大的影响；在精神上以最大的力量。他一生的挣扎，我们一个很宝贵的启示：'泪是酸的，血是红的。生命的奋斗是艰苦的；奋斗来的生命是美丽的。'"[107]

1946 年 3 月 18 日，陈耀垣当选国民大会候补代表。[108]

图 3-83　1949 年 1 月 1 日，任陈耀垣为美洲中国同盟会纪念会理事的选任状。

The Letter of Appointment that named Chan Yew Foon as a member of the Tong Meng Hui (Chinese Revolutionary Alliance) Memorial Council in America on January 1, 1949.

据说"蒋介石在一次中央会议上，要求他负责写国民党党史，他婉言谢绝。"[109] 期间曾任广州《中山日报》董事长。[110] 1948 年 4 月 24 日，国民政府任命为侨务委员会委员。[111] 1949 年 1 月，任美洲中国同盟会纪念会理事会理事。[112]（图 3-83）1 月 18 日，国民政府任命为侨务委员会副委员长。[113]（图 3-84）4 月 5 日，国民政府行政院第 52 次会议，任命章渊若、陈耀垣为侨务委员会副委员长。[114] 8 月 26 日，获国民政府行政院聘任为全国救灾委员会委员。[115]（图 3-85）此时，国民党军队节节败退，国内政局混乱，陈耀垣出任这些虚职，已难有什么实际的作为了。（图 3-86）

图 3-84　1949 年 1 月 18 日，任命陈耀垣为国民政府侨务委员会副委员长的简任状。

The Letter of Appointment that named Chan Yew Foon as deputy minister of the Overseas Chinese Affairs Council of the National Government on January 18, 1949.

图 3-85　1949 年 8 月，聘任陈耀垣为全国救灾委员会委员的聘书。

The Letter of Appointment that named Chan Yew Foon as member of the National Disaster Relief Commission in August 1949.

图 3-86 陈耀垣

Chan Yew Foon.

注释：

1 《国民党驻三藩市总支部通告》（驻字第十七号），黄二明、黄实芳等编：《中国国民党驻三藩市总支部所属部处代表大会始末记》，中国国民党驻三藩市总支部刊印，约1925年，第71页。

2 《闭会礼式略志》，黄二明、黄实芳等编：《中国国民党驻三藩市总支部所属部处代表大会始末记》，第56-57页。

3 参见《中国国民党驻美国总支部历年党务概要》，第6页。

4 参见〔美〕刘伟森主编：《全美党史》（上册），第453页。1925年11月23日至1926年1月4日，以林森、邹鲁、谢持为首的部分国民党中央委员，在北京西山碧云寺召开一届四中全会，也称"西山会议"。西山会议派长期与支持"联俄、联共、扶助农工"的国民党左派不合。

5 当时海外党部及华侨，也较为倾"右"，孙中山在《关于民生主义的说明》（1924年1月21日）中就曾提及，参见《孙中山全集》（第9卷），第111页。

6 《三藩市总支部陈耀垣等赞助西山会议案》（1926年3-6月），台北，党史馆藏，汉口档案，汉8872。

7 参见《中国国民党驻美国总支部历年党务概要》，第7-11页。

8 参见〔美〕刘伟森主编：《全美党史》（上册），第411-413页。

9 参见〔美〕刘伟森主编：《全美党史》（上册），第406页。又《中国国民党中央执行委员会任陈耀垣为三藩市总支部党务指导委员的任用书（海字第一号）》（1928年4月19日），中山故居藏。

10 《中央执行委员会政治会议关于侨务委员会改组任命致国民政府函》（1929年1月16日），又《国民政府令》（1929年1月21日），台北，"国史馆"藏，国民政府·侨务委员会官员任免（二），001000002905A。参见《国民政府任陈耀垣为侨务委员会委员的简任状（简字第六一号）》（1929年1月22日），中山故居藏。

11 《海外党部电告选出全会代表》，《广州民国日报》，1929年3月1日，第3版。

12 古应芬（1873-1931），字湘勤，国民党元老，早年留学日本，加入中国同盟会，参加辛亥革命、二次革命、讨袁护国、护法、东征、北伐等，曾任中国国民党中央监察委员、南京国民政府财政部长、文官长等职。1934年陈耀垣为《古湘勤先生逝世三周年纪念专刊》（1934年刊印）题"功德长留、精神不死"题词。

13 《三全会昨开第一次预备会》，《申报》，1929年3月17日，第4版。

14 《三全会今日闭幕》，《申报》，1929年3月28日，第4-6版。中央执行委员及候补执行委员人选标准年龄、须在三十岁以上，并须备以下各项资格之一：（甲）对于国民党有真切之认识者；（乙）在国民党有相当之历史者；（丙）对于党国有奋斗之成绩者。参见《中执监委候选人昨选定半数》（《申报》，1929年3月24日，第4版）。委员选举第一轮投票130票以上获选中央执行委员，陈耀垣得116票。参见《当选中央委员名单》（《申报》，1929年3月27日，第6-7版）。第二轮投票153票以上当选中央执行委员，陈耀垣得147票，遂为中央执行委员会候补委员。参见《三全会今日闭幕》（《申报》，1929年3月28日，第4-6版）。

15 《中全会第二次会议》，《申报》，1929年5月17日，第4版。

16 《中央常务会议》，《申报》，1929年5月24日，第4版。又参见《以陈耀垣为侨委会主任周启刚萧吉珊为副主任》（1929年5月23日），台北，党史会藏，会议记录，会3.3/3.6。

17 《侨务委员宣誓就职》，《申报》，1929年6月9日，第3版。

18 《中央侨务委员会成立后首次纪念周》，《中央日报》1929年6月19日，第二张第3版。

19 《侨委会改进侨务计划》，《中央日报》，1929年8月5日。又参见《侨委会会务进行计划》，《申报》，1929年8月5日，第8版。

20 《移民保育方案》（1930年5月15日），台北，党史会藏，会议记录，会3.3/115.22。以下征引详述《移民保育方案》内容，不再一一注明。

21 《审查侨民登记条例案》（1929年9月4日），台北，党史会藏，会议记录，会3.3/52.17。

22 《四中全会昨日闭幕》，《申报》，1930年11月19日，第4、6、7版。

23 《请设立移民机关案》（1930年11月7日），台北，党史会藏，会议记录，会3.2/20.7。

24　《请将广州南京两地海外同志招待所划归管辖案》（1929 年 7 月
19 日），台北，党史会藏，会议记录，会 3.3/45.10。参见《中
央第二六次常务会议》，《申报》，1929 年 7 月 23 日，第 8 版。

25　《加拿大华侨代表到京》，《申报》1929 年 12 月 1 日，第 7 版。

26　《中国国民党中央执行委员会侨务委员会训令一件》，《侨镜月刊》
1930 年第 6 期，第 69–70 页。

27　《中国国民党中央执行委员会侨务委员会公函(第 212 号)》（1930
年 4 月），台北，"国史馆"藏，外交部·尼加拉瓜移民新律，
020000004637A。

28　《抄中央秘书处函（第 476 号）》（1930 年 4 月），台北，"国史馆"
藏，外交部·尼加拉瓜移民新律，020000004637A。

29　《国民政府文官处公函(字第 5333 号)》（1930 年 9 月 1 日），台北，
"国史馆"藏，外交部·中暹订约，020000000890A。

30　《拟请于暹罗皇弟到京之日设法谈商中暹条约并派驻暹领以保护
华侨由》（1930 年 10 月 4 日），台北，"国史馆"藏，外交部·中
暹订约，020000000890A。

31　《中国国民党中央执行委员会侨务委员会公函（第 1116 号）》
（1931 年 2 月），台北，"国史馆"藏，外交部·中暹订约，
020000000890A。

32　《旅墨被逐华侨代表昨晚由京返沪，侨委会允办交涉》，《申报》，
1931 年 2 月 1 日，第 14 版。

33　《国民政府行政院秘书处函（第 2070 号）》（1931 年 1 月 17 日），
台北，"国史馆"藏，外交部·救济失业海外华工及归国华侨，
020000004616A。

34　《中央第三十四次常务会议》，《申报》，1929 年 10 月 25 日，第
9 版。又参见《中央四五次常务会议》，《申报》，1929 年 11 月 1 日，
第 10 版。

35　《中国国民党中央执行委员会公函（第 1659 号）》（1931 年
2 月 14 日），台北，"国史馆"藏，国民政府·暨南大学案，
001000006198A。

36　《中央与国府之纪念周》，《申报》，1930 年 7 月 29 日，第 8
版。又参见《非法扩大会议必归失败（陈委员耀垣在中央纪念
周中之报告）》（1930 年），台北，党史馆藏，一般档案，一般
484/402。

37　《中央第一百十次常会》，《申报》，1930 年 9 月 26 日，第 8 版。

38　《陈耀垣致中秘处函》（1931 年 2 月 22 日），台北，党史馆藏，
会议记录，会 3.3/155.17。

39　《四中全会正式开议》，《申报》，1930 年 11 月 14 日，第 4–5 版。

40　《中央一百十七次常会》，《申报》，1930 年 12 月 5 日，第 7 版。
又参见《胡汉民等提议组织革命债务调查委员会议案》，1930
年 12 月 6 日，台北，党史馆藏，会议记录，会 3.3/58。

41　《中央一二七次常会》，《申报》，1931 年 2 月 13 日，第 9 版。
参见《中国国民党中央执行委员会党史史料编纂委员会聘任陈耀
垣为本会名誉采访的聘任书(采字第三号)》（1931 年 1 月）。又《中
国国民党中央执行委员会任陈耀垣为本会党史史料编纂委员会名
誉编纂的任用书（史字第三十一号）》（1931 年 2 月 17 日）。中
山故居藏。

42　《林森陈耀垣同往海外巡视党务及侨情案》（1930 年 11 月），台
北，党史馆藏，会议记录，会 3.3./141.61。

43　《中央一百十七次常会》，《申报》，1930 年 12 月 5 日，第 7 版。
又见《中央一二六次常会》，《申报》1931 年 2 月 6 日，第 8 版。

44　《林森、陈耀垣即赴海外视察》，《中央日报》，1931 年 2 月 22 日。

45　《林森、陈耀垣定期出洋》，《申报》，1931 年 2 月 21 日，第 7 版。
又见《宋子文昨访陈济棠》，《申报》，1931 年 2 月 24 日，第 9 版。

46　参见《林森今天离港赴小吕宋》及《陈铭枢昨抵港》，均载香港《工
商晚报》，1931 年 2 月 28 日，第 3 版。

47　《视察海外党务慰问海外侨胞暨捐款筹筑中央党部之经过（林森，
在中央纪念会报告）》（1931），台北，党史馆藏，一般档案，一
般 445.1/9。1930 年 6 月中央第九十五次常会决定建筑中央党
部，任命中执委全体常务委员及林森、陈立夫、林焕庭、陈耀垣、
吴敬恒、张人杰、邓泽如、萧佛成等八同志为筹备委员，由戴季
陶任召集人。参见《中央第九十五次常会》，《申报》，1930 年 6
月 6 日，第 8 版。

48　《党国要人聚首一堂》，《申报》，1931 年 10 月 23 日，第 9 版。

49　小吕宋，即今菲律宾群岛北部的吕宋岛。为菲律宾面积最大、人
口最多、经济最发达的岛屿，首都马尼拉（Manila）所在地。

50　《视察海外党务慰问海外侨胞暨捐款筹筑中央党部之经过》
（1931），台北，党史馆藏，一般档案，一般 445.1/9。

51 郑彦棻:《〈陈耀垣自传〉跋》(1967 年 8 月 19 日),《陈耀垣自传》(稿本),第 17 页。郑彦棻(1902-1990),佛山北滘槎涌村人,早年留学法国。毕业后,受聘于日内瓦国际联盟秘书处。1935 年回国任国立中山大学教授兼法学院院长。后历任广东省政府委员兼秘书长、国民党中央委员副秘书长、秘书长等职。

52 《中央一五五次常会》,《申报》,1931 年 8 月 21 日,第 11 版。又《命令》,《申报》,1931 年 9 月 1 日,第 3 版。又参见《国民政府文官处函(第 7260 号)》(1931 年 9 月 3 日),台北,"国史馆"藏,国民政府·侨务委员会官员任免(二),001000002905A。

53 参见金以林:《约法之争与胡汉民被扣》,《国民党高层的派系政治》,社会科学文献出版社 2009 年版,第 85 ~ 111 页。

54 《胡汉民出京赴沪》,《申报》,1931 年 10 月 15 日,第 9 版。

55 《陈耀垣过港晋省》,香港《工商日报》,1931 年 11 月 17 日,第 3 版。

56 参见《陈耀垣自传》(稿本),1945 年 6 月 6 日,中山故居藏,第 7 页。根据宁粤双方上海和平会议协议,宁粤双方各自召开了国民党第四次全国代表大会。国民党第四届中央执监委员人选总额为一百六十人,凡曾任一、二、三届中央执监委员及候补委员(除共产党外)一律当选。参见《四届中委之调查》,《申报》,1931 年 12 月 21 日,第 7 版。

57 陈金:《陈耀垣先生事略》,《斗门文史》(第 4 辑),第 38 页。

58 《李宗仁一行昨日抵沪》,《申报》,1931 年 12 月 22 日,第 13 版。

59 《一中全会昨日开幕》,《申报》,1931 年 12 月 23 日,第 3-4 版。

60 《中执委会首次常务会议》,《申报》,1931 年 12 月 30 日,第 7 版。

61 1932 ~ 1936 年间的"西南"通常是一个政治概念而非地理概念。有时,它用来指称广东与广西这两个"华南"省份,而非云南、贵州、四川等在地理上真正处于中国西南部的省份。但有时,"西南"的概念更大,除了上述省份外,还包括福建与湖南。这个概念与"西南政权"——西南执行部、西南政务委员会的合法权限与实际权限间的差别密切相关。参见陈红民《胡汉民·西南政权与广东实力派(1932 ~ 1936)》(《浙江大学学报(人文社会科学版)》第 37 卷第 1 期,2007 年 1 月,第 20 页。)

62 《取消宣言到沪》,《申报》,1932 年 1 月 7 日,第 17 版。

63 参见罗敏:《走向统一:西南与中央关系研究(1931-1936)》,社会科学文献出版社 2014 年 3 月版。

64 《吴稚晖答客问》,《申报》,1931 年 5 月 30 日,第 3、4 版。

65 《第十五次会议》,《申报》,1932 年 3 月 25 日,第 6 版。又见《国民政府任陈耀垣为侨务委员会委员的简任状(简字第二七二号)》(1932 年 4 月 2 日),中山故居藏。

66 《萧佛成等通电对停战协议》,《申报》,1932 年 5 月 17 日,第 6 版。

67 参见《广东省政府任陈耀垣为广东省银行董事的任命状(天字第一〇八号)》(1932 年 5 月 28 日);《广东省政府任陈耀垣为广东省银行董事会董事的任命状(财字第 80 号)》(1935 年 6 月 4 日);《广东省政府任陈耀垣为广东省银行董事会董事的任命状(财字第 7 号)》(1936 年 8 月 26 日),均中山故居藏。

68 《治河委员由港赴汕》,香港《工商日报》,1932 年 9 月 29 日,第 3 张第 1 版。

69 《国民政府西南政务委员会派陈耀垣为填筑汕头堤坦设计委员会委员的派状(派字第一三一号)》(1933 年 2 月 14 日),中山故居藏。

70 《广东省政府任陈耀垣为粤汉南段广九株韶三路驻路总稽核的任命状(建字第 359 号)》(1933 年 11 月 15 日),中山故居藏。又见《陈耀垣任三路总稽核》,香港《工商日报》,1933 年 11 月 19 日,第 2 张第 2 版。

71 《廿二年九月九日广东各界举行总理首次起义第三十八周年纪念大会,陈委员耀垣宣布纪念意义》,《中国国民党中央执行委员会西南执行部二十二年党务年刊》,第 233-234 页。

72 《粤委崔广秀等昨抵沪》,《申报》,1934 年 1 月 19 日,第 10 版。

73 《中委陈耀垣抵省,即访当局询时事》,香港《工商日报》,1935 年 6 月 30 日,第 2 张第 3 版。

74 《国民革命军誓师纪念》,《申报》,1935 年 7 月 10 日,第 9 版。

75 《出席西南政务会推定五全会代表》,《申报》,1935 年 11 月 8 日,第 3 版。

76 《陈耀垣张任民抵港》,《申报》,1935 年 12 月 21 日,第 7 版。

77 《张任民等南旋昨过港晋省》,香港《工商日报》,1935 年 12 月 21 日,第 3 张第 1 版。

78 《广东各界昨晨举行"一二八"纪念大会详情》,香港《天光报》,1936 年 1 月 29 日,第 2 张。

79 参见陈红民：《胡汉民·西南政权与广东实力派（1932～1936）》，《浙江大学学报（人文社会科学版）》第 37 卷第 1 期，2007 年 1 月。

80 Lloyd P. Eastman: The Abortive Revolution, Harvard University Press,1975.p113. 转引自周聿娥、陈红民：《胡汉民评传》，广东人民出版社 1989 年版，第 281 页。

81 《连日病状变化经过》，《申报》，1936 年 5 月 14 日，第 3、4 版。

82 《党政联席会议》，《申报》，1936 年 5 月 15 日，第 3-6 版。

83 《各方代表莅粤祭胡》，《申报》，1936 年 5 月 25 日，第 8 版。

84 《胡灵柩十三日移墓园》，《申报》，1936 年 7 月 6 日，第 7 版。

85 《陈策等赴港晋京出席三中会》，《申报》，1937 年 2 月 7 日，第 4 版。

86 参见《实行孙中山的遗嘱——在国民党三中全会上的演说词》，宋庆龄基金会编：《宋庆龄选集》（上卷），人民出版社 1992 年版，第 165—168 页。

87 《刘维炽昨日赴美宣慰》，香港《工商日报》，1937 年 10 月 25 日，第 3 张第 1 版。

88 指日本、满洲国及中国政府。

89 关于近卫声明及汪精卫"艳电"等，参见复旦大学历史系中国近代史教研组编：《中国近代对外关系史资料选辑》，上海人民出版社 1977 年版。

90 《领馆电外部证实汪精卫未离河内》，《申报》，1939 年 1 月 7 日，第 3 版。

91 《一部入川》，《申报》，1939 年 1 月 11 日，第 4 版。

92 《粤赈会招待留港委员》，《申报》，1939 年 5 月 11 日，第 5 版。

93 《六中全会第一次会议》，《申报》，1939 年 11 月 14 日，第 3 版；及其后关于六中全会的相关报道等。

94 《七中全会发表宣言，阐述抗战决心共同努力两要义，决议于行政院增设经济作战部》，《申报》，1940 年 7 月 11 日，第 3 版；及会议期间的相关报道等。

95 《五届八中全会圆满闭幕》，《申报》，1941 年 4 月 2 日，第 3 版；及会议期间的相关报道等。

96 《陈耀垣自传》（稿本），1945 年 6 月 6 日，中山故居藏，第 8 页。

97 陈金：《陈耀垣先生事略》，《斗门文史》（第 4 辑），第 38-39 页。

98 陈国勲先生告知"陈秋容"应写作"陈秋蓉"，见 2016 年 6 月 14 日陈国勲复黄健敏电邮。

98 《陈耀垣自传》（稿本），1945 年 6 月 6 日，中山故居藏，第 8 页。"总裁"指中国国民党总裁蒋介石。

99 陈国权、陈国勲：《忆父亲》（手稿），1949 年秋，中山故居藏，第 2-3 页。参见 2016 年 6 月 14 日陈国勲复黄健敏电邮。

100 参见陆幼刚：《题〈陈耀垣自传〉（稿本）》（时间不详），《陈耀垣自传》（稿本），第 13-14 页。

101 《陈耀垣自传》（稿本），1945 年 6 月 6 日，中山故居藏，第 8 页。

102 《国民政府颁发陈耀垣胜利勋章证书（胜字第七七〇号）》（1945 年 11 月 12 日），中山故居藏。

103 参见陈国勲 2016 年 5 月 21 日复黄健敏电邮。

104 陈金：《陈耀垣先生事略》，《斗门文史》（第 4 辑），第 39 页。

105 参见 2016 年 6 月 17 日及 7 月 18 日陈国勲复黄健敏电邮。

106 参见 2016 年 6 月 15 日陈国勲复黄健敏电邮。

107 参见陈国权、陈国勲：《忆父亲》（手稿），1949 年秋，中山故居藏，第 1、3 页。

108 《中央委员当选国大代表名单》，《申报》1946 年 3 月 19 日，第 1 版。

109 陈金：《陈耀垣先生事略》，《斗门文史》（第 4 辑），第 39 页。

110 《陈耀垣自传》（稿本），1945 年 6 月 6 日，中山故居藏，第 8 页。

111 《国民政府任命陈耀垣为侨务委员会委员的简任状（简字第三三二号）》（1948 年 4 月 24 日），中山故居藏。

112 《美洲中国同盟会纪念会选任陈耀垣为本会理事会理事的选任状（洲字第四号）》（1949 年 1 月 1 日），中山故居藏。

113 《国民政府任陈耀垣为侨务委员会副委员长的简任状（简字第五三号）》（1949 年 1 月 18 日），中山故居藏。

114 《国民政府任陈耀垣为侨务委员会副委员长的简任状（京简字第一二三号）》（1949 年 4 月 5 日），中山故居藏。又参见《吴俊升、章渊若、陈耀垣、卢铸等任命案》（1949 年 4 月 6 日），台北，党史馆藏，政治档案，政 8/2.36。

115 《行政院聘陈耀垣为全国救灾委员会委员的聘书》（1949 年 8 月 26 日），中山故居藏。

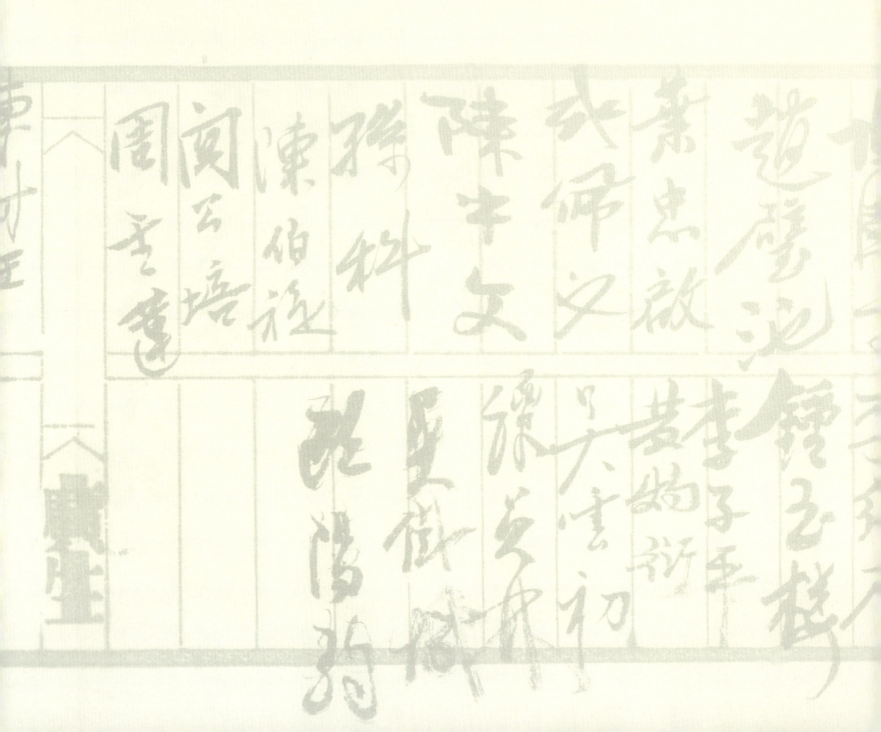

第四章　病逝香港
CHAPTER IV
DEATH IN HONG KONG

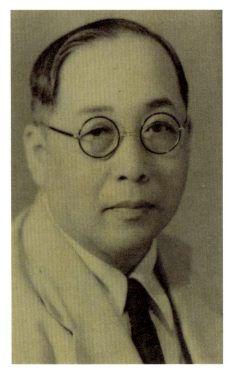

图 4-1　陈耀垣
1949 年 10 月 23 日，上午 11 时 30 分，陈耀垣因脑溢血在香港寓所内病逝，享年 66 岁。
On October 23, 1949 Chan Yew Foon passed away at home in Hong Kong at the age of 66.

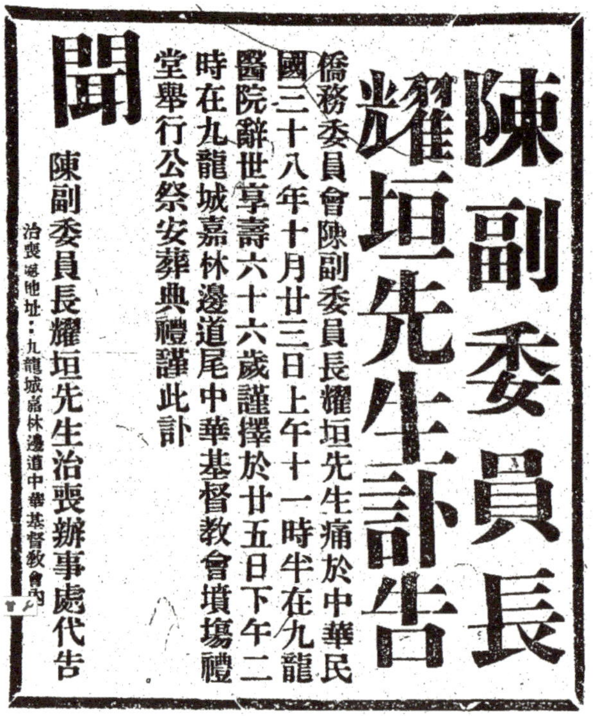

陳副委員長
耀垣先生訃告
僑務委員會陳副委員長耀垣先生痛於中華民國三十八年十月廿三日上午十一時半在九龍醫院辭世享壽六十六歲謹擇於廿五日下午二時在九龍城嘉林邊道尾中華基督教會墳場禮堂舉行公祭安葬典禮謹此訃
聞
陳副委員長耀垣先生治喪辦事處代告
治喪處地址：九龍城嘉林邊道中華基督教會內

图 4-2　1949 年 10 月 24 日，香港《工商日报》刊登的《陈副委员长耀垣先生讣告》。
The Obituary of Deputy Minister Chan Yew Foon published at *gongshang ribao* (Commercial Daily), Hong Kong on October 24, 1949.

因常年体弱多病，血压升高，陈耀垣离开广州到香港九龙医院治疗，可惜药石无灵，病势日渐沉重。1949 年 10 月 23 日上午 11 时 30 分，陈耀垣因脑溢血在香港寓所内病逝，享年 66 岁。[1]（图 4-1、图 4-2）

陈耀垣去世后，孙科、李绮庵、胡文灿、梁寒操、刘维炽、陈庆云、李大超、陆幼刚、伍智梅、崔广秀、胡木兰、邓青阳、程天固、吴铁城等旧友联名发电报给国民党总裁蒋介石，以陈耀垣“忠贞党国，身后萧条，请拨汇治丧费”。[2]（图 4-3）

1949 年 10 月 25 日，陈耀垣治丧办事处在香港九龙城嘉林边道尾中华基督教会坟场礼堂举行陈耀垣先生公祭安葬典礼，出席丧礼的包括孙科、邹鲁暨夫人梁定慧、许崇智、梁寒操、陈庆云、程天固、吴铁城、周启刚、欧阳驹、胡木兰、沈慧莲等旧交亲友 140 余人。[3]（图 4-4）因陈耀垣为基督教徒，故公祭采取宗教仪式，先由该堂主任牧师领众祈祷及唱联合丧礼诗，并代表会众向陈氏遗族慰勉“虽死犹生”，同时向会众介绍陈耀垣生前忠于党国，笃信基督，关怀教会之精神，会众大为感动。宗教仪式举行后，由主祭员李绮庵及副主祭员谭贞林、叶崇濂就位，举行公祭。会众静穆三分钟后，

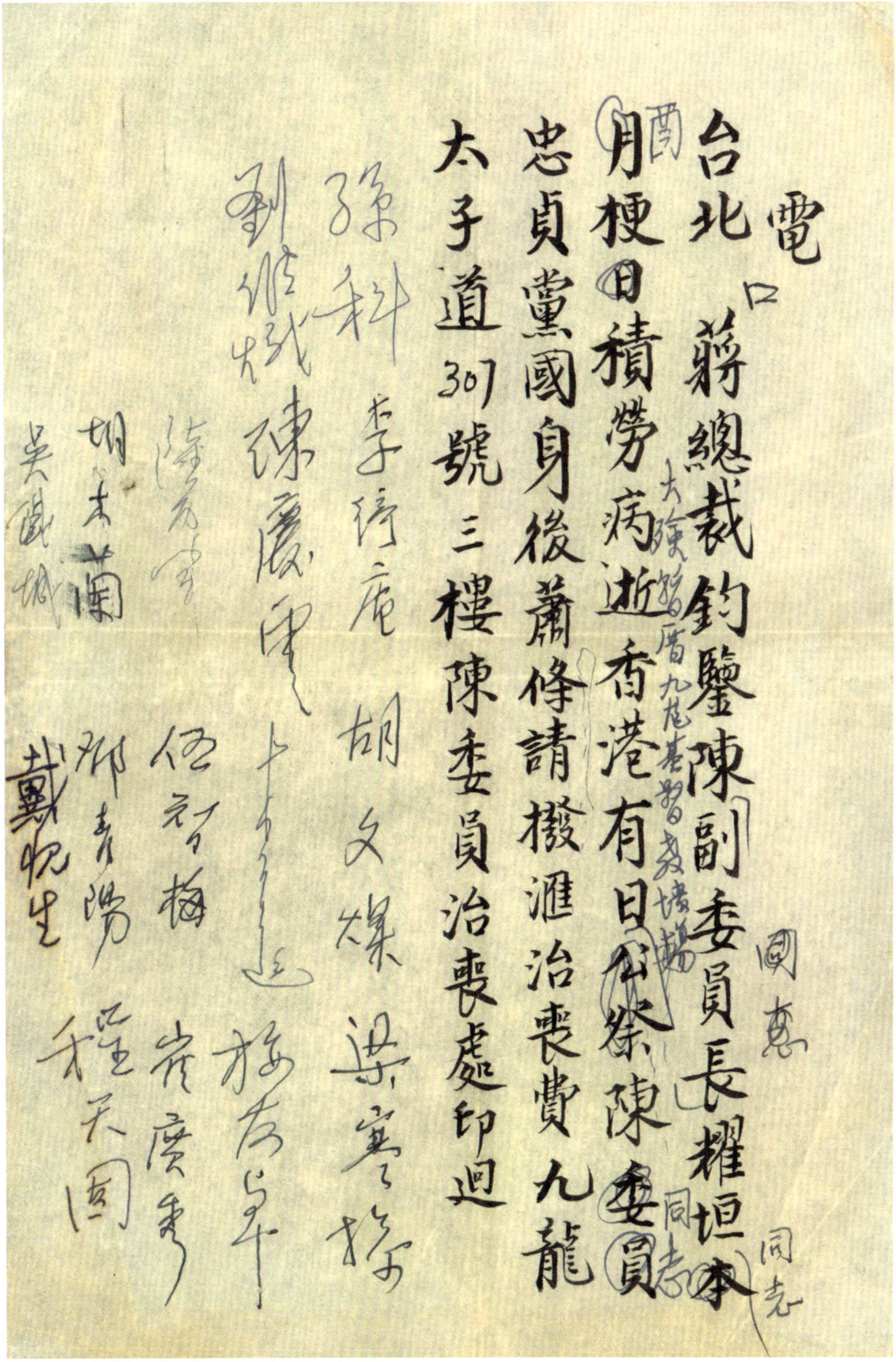
電
台北 口 蔣總裁鈞鑒 陳副委員長耀垣本
月梗日積勞病逝香港有日公祭陳委員
忠貞黨國身後蕭條請撥滙治喪費九龍
太子道307號三樓陳委員治喪處印迴

图 4-3 陈耀垣去世后，旧交孙科、李绮庵、吴铁城、陈庆云、梁寒操、程天固等联名向国民党申请拨汇治丧费抚恤。此为致蒋介石的电文稿。

After Chan Yew Foon passed away, his old acquaintances like Sun Fo, Li Qi'an, Wu Tiecheng, Chen Qingyun, Liang Hancao, Cheng Tiangu, etc. jointly applied to Kuomintang for the allocation of the funeral expenses. This is the text of the telegram they sent to Chiang Kai-shek.

图4-4 陈耀垣丧礼来宾签名部。许崇智、孙科、李绮庵、吴铁城、邹鲁、梁寒操、陈庆云、程天固等均出席陈耀垣丧礼,吊唁旧友。

Autograph book of the guests of Chan Yew Foon's funeral. Celebrities such as Xu Chongzhi, Sun Fo, Li Qi'an, Wu Tiecheng, Zou Lu, Liang Hancao, Chen Qingyun, and Cheng Tiangu attended the funeral to mourn for their old friend.

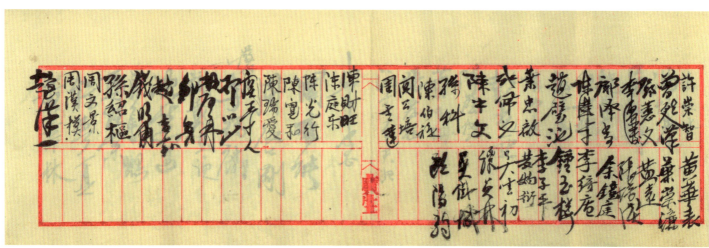

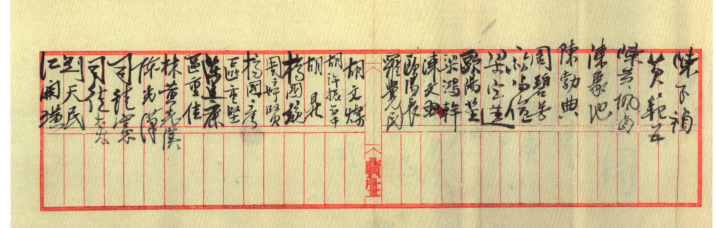

主祭员代表会众献花。赵璧池宣读美洲中国同盟会纪念会之诔文：

> 维中华民国三十八年十月二十五日，为侨务委员会副委员长陈公耀垣出殡之辰，同人等情属盟友，谊切同袍，惊噩耗之传来，悲哲人之萎谢，躬临执绋，不胜陨涕。为表哀悼微忱，谨具生花果品，敬为文而谏之曰：呜呼陈公，少具大聪；壮游北美，意气豪雄；追怀总理，主义是从；领导侨众，建立丰功；主办侨务，声誉日隆；何图忧国，伤及乃躬；讵来噩耗，袂别怆悢；溯洄友谊，惋惜靡穷；呜呼哀哉，伏惟尚飨！

继由关素人讲述陈耀垣生平事略。公祭仪式举行后，各亲友及会众鱼贯缓步堂中瞻视安睡柩中之陈氏遗容，深表无限惋痛。至三时，由治丧委员扶柩，移往坟场安葬。[4]（图4-5）

1951年1月5日，蒋介石、陈诚签发"总统令"[5]，褒扬陈耀垣的贡献。（图4-6、图4-7）

> 前侨务委员会副委员长陈耀垣，资性忠贞，才识干练，早岁侨居美国，缔籍同盟，主持三藩市支部，策动志士，奔走呼号，或筹饷以济义师，或将命以宣主义。四十年来，历经讨袁、护法、北伐、抗战诸役，均能殚精竭虑，始终不渝。近年佐理侨务，绩效尤著。方期续展荩筹，长资倚畀，乃以积劳溘逝，追怀曩绩，轸悼良深，应予明令褒扬，用彰政府崇德旌忠之至意。此令。

"华侨为革命之母"，不论孙中山先生是否完整说过这七个字，事实上他多次在公开演讲和著述中对华侨为中国革命和建设所做出的贡献作过充分的肯定和高度的评价。[6]华侨虽侨居海外，但为了祖国挣脱专制的枷锁，遏止列强的欺凌，逐步繁荣富强，多少仁人志士为国输诚，出钱出力，乃至奉献牺牲，在所不惜。陈耀垣无疑是近代爱国华侨仁人志士中的杰出代表。

陈耀垣自小家境艰难，以半工半读刻苦求学，耳闻目睹并切身体会国家民族危难，受孙中山先生革命理想感召，赴美追随中山先生。为推翻清廷，创立民国，为讨袁、护法，捍卫辛亥革命成果，策动志士，奔走呼号；为国民党海外党务的巩固与拓展，为团结海外华侨建设国家、筹款抗日不遗余力；为近代中国的独立、民主和富强作出积极的贡献。俗语说："三军未动，粮草先行"。自辛亥革命迄抗日战争近半个世纪，陈耀垣发动海外华侨筹饷支援国内革命与投资建设尤功不可没。正如孙中山所说的："昔卜氏输边，著称好义；酆侯转饷，论列首功。"发动华侨筹饷助成大业，"真可与冲锋陷阵者媲其勋绩也。"[7]陈耀垣自己既是华侨中的一员，又多年在海外从事国民党党务，对海外华侨的处境和艰辛切身体会尤深，当他出任国民党中央及国民政府主管侨务的主要官员时，便设身处地，尽心筹划，以政府的力量推动海外侨胞权益的保护工作，提高华侨在国际上地位；发展华侨教育，培养华侨自治能力，增进国家观念与民族精神。陈耀垣并非历史舞台上左右大局的要角，但凭一腔热血，坚守他所认定的革命理想和事业，一生忠诚于国家和民族，"或筹饷以济义师，或将命以宣主义"是对陈耀垣革命生涯的最传神写照。

陈耀垣虽曾任国民党中央执行委员、侨务委员会委员长等中枢要职，但奉公守法，为官清廉，尽忠职守，这种品格操守尤为可贵。革命前辈陈庆云与陈耀垣的儿子陈国权、陈国勋偶遇，连声说："你们的爸爸的确老实"。在近代诡谲复杂、充斥权力争斗与争名逐利的官场中，"老实"二字看似平凡，却是对赋性忠厚、清廉自守的陈耀垣最为中肯的评价。陈耀垣的孩子们也为此感到自豪："我俩感到特异的'荣

图 4-5 陈耀垣丧礼照片。
1949 年 10 月 25 日，陈耀垣治丧办事处在香港九龙城嘉林边道尾中华基督教会
坟场礼堂举行陈耀垣先生公祭安葬典礼。
Photos of Chan Yew Foon's funeral.
Burial and public memorial service for Mr. Chan Yew Foon was held on October
25, 1949 in Chinese Christian Cemetery, Kowloon, Hong Kong.

幸'与'骄傲'。这种'荣幸'与'骄傲'，只有奉公守法的清官的子女们才能独享。"他们回忆说："一个人像父亲出身的寒微，一旦能建立这样崇高的社会地位，他必定变成骄傲、好招摇和自命非凡。可是，父亲却迥然而异。数十年在官场里混迹，他从没沾染上半点官僚积习与恶风。他不赌，不纳姿，不饮酒，甚至不吸香烟。他严守信实，待人以诚，不贪婪，不苟且，不分轩轾，不装腔作势，与那些随波逐流、敷衍塞责、恃势凌人者，真不可同日而语。"[8] 国民党元老邹鲁曾为陈耀垣画竹一幅，并题诗其上云："泼墨淋漓画竹成，斗然风雨笔端生。此君原自标风格，境越漂摇节越清。"

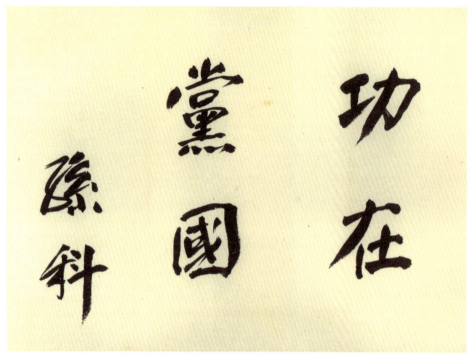

图4-6　孙科在《陈耀垣自传》后题写的"功在党国"题词。

The inscription by Sun Fo at the back of *The Autobiography of Chan Yew Foon*: "Service to the Party and the Nation."

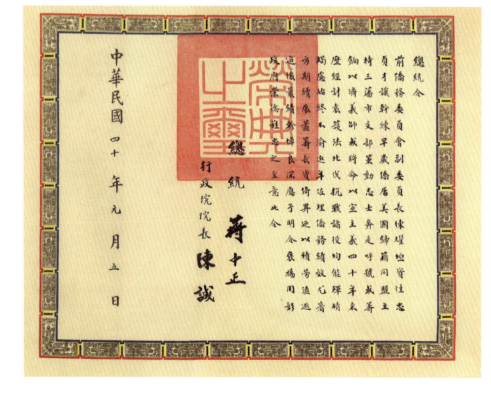

图 4-7　陈耀垣病逝后，蒋介石、陈诚等签发褒扬的"总统令"。

In recognition, Chiang Kai-shek and Chen Cheng signed and awarded Chan Yew Foon the "Presidential Decree".

在中国传统文化中，竹耐寒挺立，心虚节贞，德比君子，坚韧不拔显气节。此诗既是咏竹，也是赞誉陈耀垣的高尚品格。陈耀垣去世后，邹鲁夫人梁定慧重录此诗题于《陈耀垣自传》卷后，并题记云："耀垣先生一生廉介，先夫子鲁为先生题竹推崇备至，想见其为人也"。[9]

陈耀垣的一生亲历和见证了清末和民国年间的政治与社会变迁。1945 年 6 月，他在日军的炮火下辗转到达重庆，回首平生撰写《自传》，表明心志：

自问一生尽心国事，为党效忠，数十年未敢稍

懈。……耀垣今年六十有三，虽以垂暮之年，处此窘境，然此心所萦萦于怀者，惟冀国家昌盛，兆民康乐耳，一己之荣枯固未尝以措意也。[10]

经历八年抗战，饱受抗战战乱、病痛、家庭分离和颠沛流离之苦，陈耀垣所念念不忘的并不是个人名利得失，而是国家的繁荣安定和人民生活幸福。抚今追昔，陈耀垣先生已经去世半个多世纪，今天积贫积弱的旧中国已经一去不复返，他魂牵梦萦的祖国国家昌盛、人民康乐的理想正在逐步实现，中华民族伟大复兴的光辉前景已经展现在我们面前。

注释：

1 参见《陈副委员长耀垣先生讣告》，香港《工商日报》，1949 年 10 月 24 日，第 3 页。该讣告亦刊登于《华侨日报》，1949 年 10 月 24 日，第 2 张第 1 页；该报同版面又刊登《陈耀垣逝世，定廿五公祭》报道。

2 《孙科等为陈耀垣去世请拨汇治丧费事致蒋介石电文稿》，1949 年 10 月，中山故居藏。

3 参见《来宾签名部(陈府治丧)》(1949 年 10 月 25 日)，中山故居藏。

4 《陈耀垣遗体安葬，昨举行公祭仪式》(剪报)，《香港时报》，1949 年 10 月 26 日，第 1 张第 4 版。中山故居藏。

5 《总统令（陈耀垣去世）》(1951 年 1 月 5 日)，中山故居藏。该件或是 20 世纪 60 年代补发，见《孙科为补发陈耀垣〈总统褒扬令〉事致张群函》(复印件)，中山故居藏。又《蒋总统明令褒扬陈耀垣、吕渭生，以两位侨领功在党国、崇德报功》报道转载《总统令》全文，

马来西亚《光华日报》剪报，1951 年 1 月。中山故居藏。

6 参见黄坚立：《"华侨为革命之母"：赞誉之来历与叙述》，中国社会科学院近代史研究所编：《辛亥革命与百年中国·纪念辛亥革命一百周年国际学术研讨会论文集》(第三册)，社会科学文献出版社 2016 年 2 月版。

7 孙中山：《致加拿大等处华侨函》(1920 年 11 月 18 日)，《孙中山全集》(第 5 卷)，第 412 页。该函为分绍加拿大、三藩市、古巴、墨西哥暨美洲各处华侨劝捐军饷的函件。

8 陈国权、陈国勳：《忆父亲》(手稿)，1949 年秋，中山故居藏，第 2 页。

9 梁定慧：《题〈陈耀垣自传〉》(约 20 世纪 60 年代)，《陈耀垣自传》(稿本)，第 11 页。

10 《陈耀垣自传》(稿本)，1945 年 6 月 6 日，中山故居藏，第 8-9 页。

附录
APPENDIX

一 陈耀垣自传

1. *The Autobiography of Chan Yew Foon*

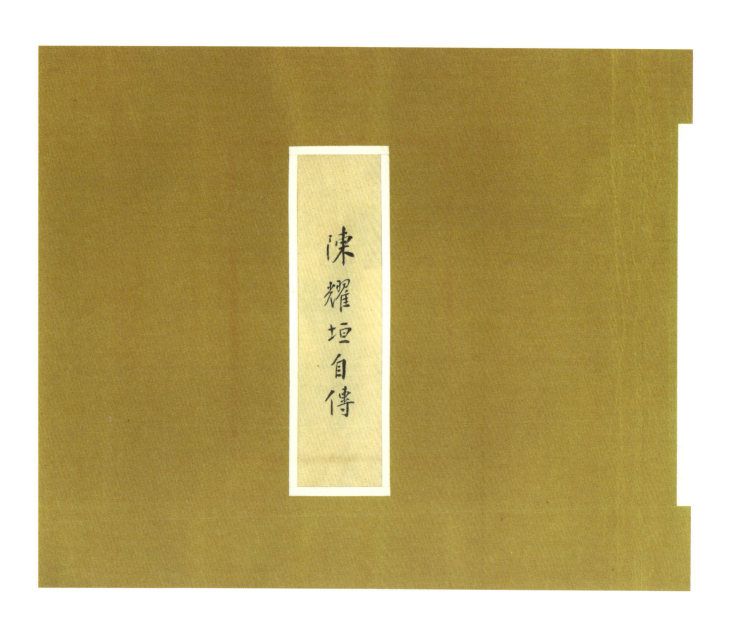

陈耀垣自传

耀垣籍隶广东省中山县家世业儒自幼受书颇有四方之志稍长涉猎载记见前人所纪扬州十日嘉定三屠等事辄拍案惊呼恨满人待我汉族之残虐又读满清失地记邹容革命军等书知满政已坏非革命无以救国遂买舟赴上海结识志士十余人朝夕讲求救国之道闻孙中山先生提倡革命方在欧美致力宣传乃决心赴美追随抵美后即加入少年学社者实中山先生所领导鼓吹革命之机关其以学社名盖欲避免当地政府之干涉耳民国前三年中山先生以革命大义日就昌明学社同志日益增多因而改组为中国同盟会命耀垣为美洲主盟人当

①

耀垣籍隶广东省中山县，家世业儒，自幼受书，颇有四方之志。稍长涉猎载记，见前人所纪"扬州十日"、"嘉定三屠"等事，辄拍案惊呼，恨满人待我汉族之残虐。又读《满清失地记》、邹容《革命军》等书，知满政已坏，非革命无以救国。遂买舟赴上海，结识志士十余人，朝夕讲求救国之道。闻孙中山先生提倡革命，方在欧美致力宣传，乃决心赴

美追随。抵美后即加入少年学社。少年学社者，实中山先生所领导鼓吹革命之机关，其以学社名，盖欲避免当地政府之干涉耳。

民国前三年，中山先生以革命大义日就昌明，学社同志日益增多，因而改组为中国同盟会，命耀垣为美洲主盟人。当

时康有为梁启超之徒，倡保皇之说，美洲华侨之有资产者颇惑之，多投入其党。耀垣愤其认贼作父，持手枪率领青年同志，径入士得顿埠保皇党党所捣毁之，美警察为之称快。辛亥三月廿九之役，总理命耀垣筹款供起义之需，耀垣奔走各埠，筹集款项极为顺利。（详见邹海滨先生著三月廿九革命史）而革命军别以他故失败，总理乃益策励同志加倍努力，并拟躬历全美各地，并组织国民救济总局，扩大筹款，以备再举。耀垣随同出发，协力筹措，粗有端绪。会武昌起义，总理归国就临时大总统职，仍命耀垣在美筹助军饷。

民国成立，同盟会改为国民党，耀垣历任士得顿埠分部部

长及袁世凱違法叛國帝制自為
總理組織中華革命黨從事再舉
革命耀垣即加入中華革命黨並負
籌餉討袁之責又與劉日初同志組
織敢死隊擬回國効力會袁氏死黎
元洪繼任總統恢復國會乃不果行
民國七年歐戰結束各國在巴黎開和
平會議將膠州灣青島許日本

耀垣

在美聞之大憤即召集美洲華僑各
埠代表開大會於舊金山通電反對
並組織國民外交協會耀垣被推為游
埠專員聯絡美國及中南美各國華
僑團結一致搜集材料印行專刊向美
國參眾兩院議員報館記者及各方
名流極力呼籲主持正義耀垣並親
赴美京謁見參議院外交委員會

③

长。及袁世凯违法叛国，帝制自为，总理组织中华革命党从事再举革命。耀垣即加入中华革命党，并负筹饷讨袁之责。又与刘日初同志组织敢死队，拟回国效力。会袁氏死，黎元洪继任总统，恢复国会，乃不果行。

民国七年，欧战结束，各国在巴黎开和平会议，将胶州湾、青岛许日本。耀垣在美闻之大愤，即召集美洲华侨各埠代表开大会于旧金山，通电反对。并组织国民外交协会，耀垣被推为游埠专员，联络美国及中南美各国华侨，团结一致，搜集材料印行专刊，向美国参众两院议员、报馆、记者及各方名流极力呼吁主持正义。耀垣并亲赴美京谒见参议院外交委员会

理改道北伐自桂林至廣州陳部葉
懷異志事＝掣肘至為棘手及總
備實業銀行以助軍需時陳炯明心
北伐又奉命與鄧澤如陳楚楠等籌
書並奉派為中央籌餉會主任籌餉
總統府電促耀垣歸國任總統府秘
需粵局底定總理由滬返粵成立
織救粵義捐局籌集鉅款以助軍
耀垣在美亦負籌餉接濟之責組
走號之效也民國九年粵軍回粵
島交還中國之決定未始非當時奔
盛頓開會果有日本应將膠州灣青
及哈定總統任內召集九國代表在華
直接交還中國（惟提出大会通過保留）
助卒獲外交委員会通過將山東
主席羅治保拉約翰遜等請其援

④

主席罗治、保拉、约翰逊等，请其援助，卒获外交委员会通过，将山东直接交还中国（惟提出大会通过保留）。及哈定总统任内，召集九国代表在华盛顿开会，果有日本应将胶州湾、青岛交还中国之决定，未始非当事者奔走呼号之效也。

民国九年，粤军回粤。耀垣在美亦负筹饷接济之责，组织救粤义捐局筹集巨款，以助军需。粤局底定，总理由沪返粤，成立总统府，电促耀垣归国任总统府秘书，并奉派为中央筹饷会主任、筹饷北伐。又奉命与邓泽如、陈楚楠等筹备实业银行，以助军需。时陈炯明心怀异志，事事掣肘，至为棘手。及总理改道北伐，自桂林至广州，陈部叶举等日日闹饷滋扰。一夕李云复所部竟在总统府内无端放枪数千响，全城为之震动。时耀垣主持机要，常于夜间治事，当叛军变乱，耀垣即剪断电线，亲携密电码避于天桥下，幸未遇难。六月十五日晡时，秘书长谢持外出密告耀垣叛军今晚必来，耀垣即登观音山，劝总理暂避。至夜深，叛军果自白云山出动，炮轰总统府，幸总理再经同志劝请，业已离去，得免受惊。时海军煤饷缺乏，势亦甚急，耀垣曾设法收集款项购置煤斤，以资接济。又曾与广东省银行行长程天斗密商，请其将纸币运入战舰，以备不虞。天斗虽允诺，但仅运到未发行之五角新币，

视察海外党务第四第五两届均

委员兼任中央侨务委员会主任
委员国立暨南大学董事民国
二十年与林故主席出国
行委员兼任中央侨务委员会主任
代表大会主席团旋当选为中央执
表大会代表并被推为第三次全国
员指导委员第二第三两次全国代
美国总支部常务委员清党委
覆按也国民党改组后耀垣历任
当时数种收据由耀垣手签尚可
现中央革命债务委员会尚存有
国民义捐局极力筹募继续接济
抵美总理复电令筹款乃设立
干事赴美主持美洲党务耀垣甫
离粤赴沪派耀垣为美国总支部总
附陈逆时北伐军回师失利总理遂
海军卒因饷械不继无法维持而转

⑥

海军卒因饷械不继，无法维持而转附陈逆。

时北伐军回师失利，总理遂离粤赴沪，派耀垣为美国总支部总干事，赴美主持美洲党务。耀垣甫抵美，总理复电令筹款，乃设立国民义捐局，极力筹募，继续接济，现中央革命债务委员会尚存有当时数种收据，由耀垣手签，尚可覆按也。国民党改组后，耀垣历任美总支部常务委员、清党委员、指导委员，第二、第三两次全国代表大会代表，并被推为第三次全国代表大会主席团，旋当选为中央执行委员，兼任中央侨务委员会主任委员，国立暨南大学董事。民国二十年，与林故主席出国视察海外党务，宣慰华侨。第四、第五两次全国代表大会，均被選為候補執行委員並任廣州中山紀念堂管理委員會常務委員兼秘書潮梅治河委員会常務委員粵漢鐵路南段廣九株韶三路總稽核廣東礦務處長抗戰後奉派赴中南美洲宣達政府抗戰意旨慰問僑胞推銷公債回國後任港澳總支部執行委員第六次全國代表大會復被選為中央執行委員行政院僑務委員會副委員長海外委員會委員廣州中山日報董事長自問一生盡心國事為黨效忠教十年未敢稍懈

香港淪陷脫險抵梧失足墜樓跌傷幸總裁給予醫藥費伍千元得以治愈一家七口輾轉年餘始得同達梧州至去年梧州失陷轉徙郁林現又遷到信宜長子國樑學製藥於美國加省大學畢業後得碩士學位已成立家室雖略能自給而甫畢業於高中者尚有一女兩

⑦

被选为中央候补执行委员，并任广州中山纪念堂管理委员会常务委员兼秘书，广东省银行董事，潮梅治河委员会常务委员，粤汉铁路南段、广九、株韶三路总稽核，广东矿务处长。抗战后奉派赴中南美洲宣达政府抗战意旨，慰问侨胞，推销公债。回国后任港澳总支部执行委员，第六次全国代表大会复被选为中央执行委员，行政院侨务委员会副委员长，海外委员会委员，广州中山日报董事长。

自问一生尽心国事，为党效忠，数十年未敢稍懈。香港沦陷脱险抵梧，失足坠楼跌伤，幸总裁给予医药费五千元，得以治愈。一家七口、辗转年余，始得同达梧州。至去年梧州失陷，转徙郁林，现又迁到信宜。长子国樑学制药于美国加省大学，毕业后得硕士学位，已成立家室。虽略能自给，而甫毕业于高中者尚有一女两

男，方肄业于小学六年级尚有一幼女，均以家境匮乏，未能作升学之计。耀垣今年六十有三，虽以垂暮之年，处此窘境，然此心所萦萦于怀者，惟冀国家昌盛，兆民康乐耳，一己之荣枯固未尝以措意也。时民国三十四年六月六日。

二 忆父亲

2. Memorizing Our Father
Chen Guoquan and Chen Guoxun

陈国权　陈国勋

"世上无不散之筵席"。

过去，父亲常因公离开我们，但，每次的"散"，也有每次的"聚"，我们不曾因别而悲；相反地，我们会感到兴奋，因为父亲完成任务而归时，我们的"相聚"会来得更欢腾，更有价值。不幸，十月二十三日的别，我们再没有怀着往昔兴奋的情绪，也再不能抱着以前"有别有聚"的态度。这次是诀别，一个永无聚期的别。狂号涕零，减不了我们心头的难堪；笔秃墨尽，写不了我们精神的悲慨！父亲的去，在我们的心坎上刻下一缕缕不可磨灭的伤痕……

"往事如烟百感生"。

真的，回首前尘正像听到街头盲目歌者用沉郁的嗓子唱出的一首悲歌，从不让人享受到悦耳的音韵和和谐的旋律……但，回忆是弱者的行为吗？不，绝不。当我们时刻缅怀父亲高洁的人格、勤俭的个性、波涛的一生及光荣的事业时，我们获得很大的鼓励与警惕，将消沉的意志转趋坚强；已成灰的希望从而新生。我们愿让自己沉迷在忆海里。他一生的言行，给我们在生活上以最大的影响；在精神上以最大的力量。他一生的挣扎，我们一个很宝贵的启示：

"泪是酸的，血是红的。

生命的奋斗是艰苦的；奋斗来的生命是美丽的。"

父亲毁家纾难，献身革命。对党对国，鞠躬尽瘁。为官清廉，公而忘私。际此"世风日下，人心不古"之现社会，能洁身自守，不为利禄熏心者，诚属凤毛之罕，麟角之贵也。父亲在社会之信誉，因而日渐高崇。一般人说金钱是政治的资本；然而，父亲的政治资本却是"伟大的品格"。

一个人像父亲出身的寒微，一旦能建立这样崇高的社会地位，他必定变成骄傲、好招摇和自命非凡。可是，父亲却迥然而异。数十年在官场里混迹，他从没沾染上半点官僚积习与恶风。他不赌，不纳妾，不饮酒，甚至不吸香烟。他严守信实，待人以诚，不贪婪，不苟且，不分轩轾，不装腔作势，与那些随波逐流、敷衍塞责、恃势凌人者，真不可同日而语。

记得，邹鲁先生曾为父亲画竹并题款曰："泼墨淋漓画竹成，斗然风雨笔端生。此君原自标高格，境越漂摇节越清。"这，真不啻是父亲人格的最好写照。也记得，我们在三藩市时曾与陈庆云先生相值，陈先生连声说："你们的爸爸的确老实"。当时，我俩感到特异的"荣幸"与"骄傲"；这种"荣幸"与"骄傲"，只有奉公守法的清官的子女们才能独享。

父亲深爱党国，也热爱他的儿女。他对我们的教养，简直无微不至，余力不遗。举凡我们的起居、动定、教育、婚姻与前途，莫不关怀备至，且给我们予以最殷切的策励与温存……

是十四年前在羊城的事情了。那正是百病丛生的季候，父亲不幸病倒了，在医院里留医。当他忽然听到七妹也接着患上严重的急性肺炎而入院时，我们亲眼看着他的泪珠在夺眶而出。他为自己的病痛和劫运而流泪吗？并不！他的心在为七妹的苦痛而苦痛。那时，我们还是无知孩童，然而，父亲莹莹的两掬眼泪给我们留下一个磨不了的烙痕……

又是五六年前香港失陷后的事了。父亲由港化装逃回内地，在梧州意外坠楼受伤，被送往医院治疗。又以过度关怀家人的结果，同时患上神经衰弱症。当时，我们一家人还旅居在饥荒动乱的澳门。惊闻父亲不幸的消息，母亲偕我们不顾崎岖长远的路程及拮据的经济步行到梧州与患病体弱的父亲重聚。当天晚上，父亲用很抱歉的态度对我俩说及我们的美国出生纸，因为他离港时仓偬，用火烧掉了，因此很担心我俩的前途有所影响。他的泪腺又不期然松弛起来！这是我们一生中第二次看见父亲流泪……

父亲是一个硬性的男儿汉。他不会因为事业的失败而气馁，而流泪；他也不会为着身处穷途绝境而悲观，而啜泣。他的泪，是一个慈祥的长者对幼辈在"爱之者深，情更切"时的一种最伟大而由衷的表征。这种"情"与"爱"能与天比高、与地比厚、与海比深、与瑞士雪峰比纯洁……

以前，我们曾经怨怪过父亲不肯利用银行的存款去投资，去营商。无疑，钱少是事实，但，假如我们能利用它放在商场里总比储在银行里获利为大。然而，父亲说得好："经商是一种赌博。存款在银行其实也就是一种小经商，虽然息不多，但比朝不保夕的商业却来得可靠而安全。我不愿将家里仅有的款项作孤注一掷，因为我们的钱并不像别人的游资啊！"那时，我们还不服气，以为父亲对事未免过于谨慎和胆怯了。现在，清夜里，我们脑海中呈现着一幅幅社会的流亡图——倾家荡产、妻哭儿啼都是为了时局不靖，商场不景而破产的结果。我们才深深感悟到父亲远到的眼光。他的话，诚为最合逻辑的经济理论。

以前，我们也不同情父亲的不愿应酬，老让自己守在屋子里，与人疏于往来，显示着他特殊的孤僻和淡视友谊。迄今，我们静静思维，我们也明白了：难道父亲真不愿往外面高兴的交际一下吗？并不，他只是为了浩繁的家费而缩源节流而已。难道父亲真的漠视友谊吗？绝不，试看，父亲在林云陔先生逝世后给我们的一封信上写着："……数十年相交，遽归道山，殊深悲悼。叹晨星之寥落，感知己而凋零，伤哉奚似！……"在字里行间，我们深切地领悟到他对友谊的情笃意挚，足为吾人交朋之式范。

身前，我们对他这两点的误解，和身后，我们因关山壅隔，未遑为他奔丧，同属我们毕生莫能弥补的憾事。罪恨在我俩心田里交并，弗时或息……

是的，父亲没了！！然而，他的精神，却像峨眉山上的古木与老石——永垂千秋，万世不朽……

"在家千日好，出门半朝难"。

爸爸啊！在这迢迢万里外的异域里，我们感到异常沉寂；瞻望漫漫前程，令人倍觉彷徨……的确，唯有家才给我们予以热诚的慰藉和鼓舞；因为在那里，你已经替我们散播了不怕风吹雨打的"爱的幼苗"。每个人对家是关怀的，热恋的和负责的……安心吧！我们的爱爸，你不用后顾，母亲在享其天年，我们兄弟姊妹时刻在发奋前程，家永远在蓬勃之路迈进……

爸爸啊！这永远是一个充沛了黑暗与烦嚣的浊世：蛇蝎在人的脚下，血泪在人的眼前，鬼祟在人的周遭，战事的呐喊在人的耳际，人生的途程尚在方兴未艾的险恶中。离开了它，遗忘了它，才得到真正的解放，真正的愉快。爸爸，你是幸运的，你已经驻足在那恬静、和平的乐土。好好享受你自己吧！六妹会给你最好的侍奉；我们也〔会〕续步向你俩靠拢。我们与你们虽距离着一个无可量度的里程，可是我们大家还可以憧憬着"重聚旧"的好日子。

"大智若愚"、"兄弟不和邻里欺"、"勤俭为齐家之本"……这些是你谆谆教诲我们的遗训，我们将回深誌五内，到生命的最后一秒，也不会把它们忘记……

亲爱的爸爸，我们永远遵从您以身作则的训示：不贪、不赌、不嫖、不浪费、不抽烟、不饮酒、不偷懒及严守诺言。

露莎·卢森堡说"不管有什么事发生，都请安静地愉快罢！这是人生，我们要依样地接受人生，勇敢地而且永远地微笑着"。我们很了解这些话的真谛，我们的面庞在露微笑，然而，谁会想像我俩创伤的心坎仍发着一缕缕幽长的刺痛呢？！……

国权、国勲写于百感交集中
一九四九年深秋纽约旅寓

三 陈耀垣先生大事年表

1883年11月24日，出生于广东香山县黄粱镇南山村（今珠海市斗门区乾务镇南山村）。家世业儒，自幼受书，颇有四方之志。

少年赴上海谋生，"结识志士十余人，朝夕讲求救国之道。"

1906年赴美国加州士得顿埠，初从事农业，并经营"德和商店"。

1909年，加入少年学社，倡言革命。

1910年2月，孙中山改组少年学社为同盟会。旋即加入同盟会，并变卖德和商店，将全部款项资助革命。孙中山任为同盟会美洲主盟人。

1911年前后，奔走各埠演说筹集款项，支援孙中山发动广州三·二九起义。

1912年，民国成立，同盟会改组为国民党。任国民党美洲支部士得顿埠分部部长。

1914年7月，孙中山组织中华革命党从事再举革命。陈随即在美加入，并负筹饷讨袁之责；又与刘日初等组织敢死队，拟回国效力。

是年，与孙妙仙在夏威夷结婚，婚后1年多生长子陈国樑，孙妙仙不幸产后患产褥热症逝世。

1915年7、8月间，作为士得顿分部代表出席国民党第一次全美恳亲大会，并被推选为大会审查股员。

1918年，响应孙中山"航空救国"倡议，赞成发起成立"图强飞机有限公司"，集款购机，培育航空人才。

1919年，发动美洲华侨各埠代表通电反对巴黎和议。并任侨美中国国民外交会游埠专员，联络美国及中南美各国华侨，向美国参众两院议员、传媒及各方名流极力呼吁主持正义。

1921年，孙中山电促回国。5月，任中国国民党本部特设办事处总务科干事。7月，任中国国民党驻旧金山总支部总干事。因"政府筹划北伐，需饷孔殷"，仍留广州。8月，为筹饷北伐，发起组织中央筹饷会于广州，并被推为主任。10月，任总统府秘书处科员。

是年，由程天固做媒，陈与欧阳莱女士（1898-1964）结婚，婚后先后生育陈慧真、陈国魂、陈国权、陈国勋、陈慧根、陈慧剑六名子女。

1922年5月，任总统府秘书。6月，陈炯明叛变围攻总统府。脱险后避走香港，与邓泽如等设法筹款，购置燃煤，以济军需。9、10月间，离粤返美三藩市。11月6日，接任中国国民党驻旧金山总支部总干事，主持国民党美洲党务，任内积极整顿、巩固及拓展美洲党务，大力发展新党员，筹饷支持孙中山重建广东革命政权及东征讨陈等。

1924年1月，中国国民党第一次全国代表大会在广州隆重召开。代表驻三藩市总支部致电："恭祝大会成功"；又为大会题写"前途发达"题词。

10月，因踊跃发动华侨捐助军饷，获大元帅孙中山颁发给一等金质奖章。

1925年3月，孙中山去世。4月，在三藩市举行追悼孙中山先生大会，同志侨胞赴会者数千人。国民党驻三藩市总支部是最早尊称孙中山为"国父"的海外支部之一。领导三藩市总支部继续捐饷支援广东战事，又响应呼吁各党部同志及华侨捐款购置飞机、建筑纪念堂及发展新党员，以纪念孙中山。

9月，主持召开国民党全美洲第一次代表大会，获选为会长。大会悼唁孙中山，改订总支部章程，发动党员筹款支援国内等。

1926年1月，被推选为中国国民党第二次全国代表大会代表。因驻三藩市总支部拨款支援"西山会议"，及回国后停留上海没有到广州参加"二大"，引起风波。

1928年4月，任驻三藩市总支部党务指导委员。

1929年1月，任改组后的国民政府侨务委员会委员。

1929年3月，中国国民党第三次全国代表大会代表，当选为大会主席团成员，中央执行委员会候补委员。5月，参加孙中山奉安大典，并为孙中山守灵。

6月，任国民党中央执行委员会侨务委员会主任，着手开展规范侨务管理工作、保护海外华侨权益、鼓励华侨回国投资建设及发展海外华侨教育等。

1930年1月，与胡汉民、古应芬等联名发起广东建设协进会。6月，任建筑国民党中央党部筹备委员。11月，出席国民党三届四中全会。递补为中央执行委员会委员。12月，任国民党中央执行委员会革命债务调查委员会委员，调查整理革命以来所发生各种革命债项捐款。

1931年1月，任中国国民党中央执行委员会党史史料编纂委员会名誉采访。2月，任党史史料编纂委员会名誉编纂。任国立暨南大学董事。

2-10月，与林森同往海外，赴菲律宾、马来西亚、澳洲、法国、印度尼西亚、美国、英国、德国等巡视党务及各地侨情，并为中央党部募集建筑经费。

5月，任国民会议代表。又任国民党中央执监委员"非常会议"海外党务委员会委员。8月，侨务委员会改隶国民政府，任常务委员。9月，任国民党中央海外党务设计委员会主任。11月中旬至12月初，在广州出席中国国民党第四次全国代表大会，当选中央执行委员会候补执行委员。12月月底，赴南京出席四届一中全会，推选为中央海外党务委员会副主任委员。

1932年1月，国民党中央执行委员会西南执行部、国民政府西南政务委员会在广州成立，任西南执行部委员。4月，任国民政府行政院侨务委员会委员。5月，与留粤国民党中央执行委员、监察委员联名发出通电，反对《淞沪停战协定》。9月，任广东潮梅治河分会委员。是年，获聘为第二届修筑黄花岗委员会委员。本年到1936年，连续三次获任广东省银行董事。

1933年，7月，任广州中山纪念堂纪念碑建筑管理委员会常务委员，兼中山纪念堂秘书。11月，任粤汉南段广九株韶三路驻路总稽核。

1935年7月，出席国民革命军誓师纪念典礼，敦劝恢复九年前所表现之革命精神，并主张从速实施孙中山所定之复兴程序。

11月，出席中国国民党第五次全国代表大会代表，当选中央执行委员会候补执行委员。12月，出席国民党五届一中全会，推选为海外党务计划委员会副主任委员。

1937年7月，日本挑起卢沟桥事变，发动全面侵华战争。是年12月至次年3月，奉派赴中南美洲，历墨西哥、厄瓜多尔、秘鲁、古巴、巴拿马、智利等国，宣达政府抗战意旨，慰问侨胞，推销救国公债。

1938年10月，广州沦陷，避居香港。

1939年1月，与罗翼群、陈庆云等12人联名发电报致蒋介石及中央各执监委员，声讨汪精卫"艳电"媾和之卖国所为。出席在重庆举行的国民党五届五中全会，代表留港中委向全会提出"除拥护抗战到底，主张缉办汪精卫外，特提救济广东难民，加强人民武装守土抗战方案"。11月，出席国民党五届六中全会，会议重申了抗战以来的基本国策。

1940年7月，出席在国民党五届七中全会，会议着重讨论抗战期间的经济问题。

1941年3、4月间，出席国民党五届八中全会。

4月，任中国国民党港澳总支部执行委员。12月，香港沦陷。

1942年，乔装辗转离开香港至广西梧州，不幸失足坠楼跌伤，幸蒋介石给予医药费五千元，得以治愈。与从澳门赶来的家人在梧州团聚。

1944年，历尽艰辛辗转到重庆，共赴国难。

1945年5月，出席中国国民党第六届全国代表大会，当选中央执行委员会委员。6月，在重庆完成《陈耀垣自传》的撰写。

9月9日，侵华日军正式向中国缴械投降。抗战胜利后，与家人回到广州居住。11月，因在抗战期间著有勋绩，获国民政府特颁给胜利勋章。

1946年3月，当选国民大会候补代表。

1948年4月，任国民政府侨务委员会委员。

1949年1月，任美洲中国同盟会纪念会理事，国民政府侨务委员会副委员长。4月，再次简任为国民政府侨务委员会副委员长。8月，任全国救灾委员会委员。

1949年10月23日上午11时30分，在香港病逝，享年66岁。10月25日，在香港九龙城嘉林边道尾中华基督教会坟场礼堂举行陈耀垣先生公祭安葬典礼。

1951年1月5日，蒋介石、陈诚等签发"总统令"褒扬。

3. Chronology of Mr. Chan Yew Foon

On November 24, 1883, Chan Yew Foon was born in a family of scholars in Nanshan village, Xiangshan (now Doumen, Zhuhai), Guangdong. He attended local private school in an early age and showed a lofty aspirations since little.

Chan Yew Foon left Nanshan at his young age and went to Shanghai to achieve his goal of saving China with revolutionary ambitions.

In 1906, Chan arrived in Stockton, California, the United States to engage in agricultural business and operated a store: Tuck Wo and Company.

In 1909, Chan joined the Young China society, a revolutionary group.

In February 1910, Dr. Sun Yat-sen reorganized the Young China society into the Tong Meng Hui (Chinese Revolutionary Alliance). Chan joined the Tong Meng Hui and sold his business, using the proceeds to help finance the revolution. He was appointed as the leader of the headquarters of Tong Meng Hui in America by Dr. Sun Yat-sen.

In around 1911, he was touring in the United States to raise money among the overseas Chinese to support the Second Guangzhou Uprising.

In 1912, after the founding of the Republic of China, Tong Meng Hui was reorganized as Kuomintang. Chan Yew Foon acted as the head of Stockton Division of Kuomintang.

In 1914, Dr. Sun Yat-sen reorganized the party under the new name of the Chinese Revolutionary Party. Chan Yew Foon followed him in another wave of revolution against Yuan Shikai and was responsible for fundraising. He also organized a suicide squad for the revolution with Liu Richu in preparation to go back to China.

In 1914, Chan Yew Foon married Sun Miaoxian in Hawaii. Their eldest son Chen Guoliang was born after a year, yet Sun Miaoxian unfortunately died of puerperal fever.

In July to August 1915, Chan helped to organize the 1st Kuomintang Convention in America as a delegate of the Stockton branch and was elected a member of the Examining Committee.

In 1918, in respond to Dr. Sun Yat-sen's advocate of "saving the nation through aviation", Chan agreed to set up the "Tu Qang Aircraft Co. Ltd." to raise money for purchasing aircrafts and nurturing aviation talents.

In 1919, Chan organized representatives of Chinese Americans in different ports to express opposition against the agreement of the Paris Peace Conference by publishing open telegrams. He was also the Commissioner of the Chinese National Welfare Society in America who appealed the US congressmen, media and celebrity to uphold justice.

In 1921, Dr. Sun Yat-sen cabled and urged Chan Yew Foon to return to China to serve the country. In May, he was named as Commissioner of General Affair in the Ad Hoc Office of Guangdong under the Headquarters of Kuomintang. In July, he was appointed as the Secretary-General of the Kuomintang General Branch in San Francisco. As he was organizing the Central Fundraising Bureau at the time, he remained in Guangzhou and postponed to assume office. In August, he was appointed to organize the Central Fundraising Bureau and acted as a director. In October, he was appointed as the clerk of the Presidential Secretariat. In this year, Chan Yew Foon and Ouyang Qiu (1898-1964) got married in Guangzhou. Cheng Tiangu was their matchmaker. They have six children: Huizhen, Guohun, Guoquan, Guoxun, Huigen, and Huijian.

In May 1922, Chan became the Secretary of the Presidential Palace. In June, Chen Jiongming rebelled against Dr. Sun Yat-sen. Chan Yew Foon went to Hong Kong after escaping from Guangzhou and managed to raise funds there with Deng Zeru, for the purchase of coal to meet the needs of military supply. Later, he went back to America and assumed his post as the Secretary-General of the Kuomintang General Branch in San Francisco in November. He rectified, consolidated and expanded the party affairs in the America while he was in charge. He also recruited new party members and raised funds to support Dr. Sun Yat-sen and the Eastern Expedition against Chen Jiongming.

In June 1924, the 1st National Congress of Kuomintang was held in Guangzhou. Chan Yew Foon cabled to congratulate and wish the Congress a full success on behalf of the Kuomintang General Branch in San Francisco and sent an inscription "A Bright Future" to the Congress. In October, Chan was awarded a First-Class Gold Medal by Generalissimo Sun Yat-sen in recognition of his contribution in fundraising.

In March 1925, Dr. Sun Yat-sen passed away in Beijing. In April, he organized the Kuomintang General Branch in San Francisco to mourn over the death of Dr. Sun Yat-sen. Several thousands of people attended the memorial meeting. The Kuomintang General branch in San Francisco is one of the earliest overseas branches to regard Dr. Sun Yat-sen as the "Father of Modern China". Chan has continued to lead the Kuomintang General branch in San Francisco to raise fund to support the expeditions in Guangdong and urged local branches and overseas Chinese to donate money to purchase airplanes, to build memorial halls and to develop new party members in order to memorize Dr. Sun Yat-sen. In September, Chan hosted the first American Congress of Kuomintang and was elected as President. This congress memorized Dr. Sun Yat-sen, amended the ordinance of the Kuomintang General Branch, and called for donations among party members.

In January 1926, Chan was elected to be the delegate of the 2nd National Congress of Kuomintang. He involved in the political disturbances when he cast his lot with the West Hills faction of the party. The West Hills faction formed in a meeting of some of the Kuomintang leaders opposed to communist influence held at Biyun Temple in the Western Hills district of Beijing in November 1925, who were followers of the right-wing favorite Hu Hanmin and against the left-wing leader Wang Jingwei who formed an alliance with the communists. Wang responded to the Western Hills meeting by convening a 2nd National Party Congress in Guangzhou on January 1, 1926. The Congress expelled the Western Hills participants from the party. Afterward, the Western Hills Group set up a rival Kuomintang headquarters in Shanghai. The Kuomintang General branch in San Francisco funded the West Hills meeting and Chan Yew Foon stayed in Shanghai after came back from the America and did not went to Guangzhou to attend the Congress.

In April 1928, Chan was a member of the Supervision Committee of Party Affairs of the Kuomintang General Branch in San Francisco.

In January 1929, Chan was a member of the Overseas Chinese Affairs Council directly subordinate to the National Government. In March, Chan attended the 3rd National Congress of Kuomintang and was elected to be a member of the Presidium and an alternate member of the Central Executive Committee. In May, Chan attended the Grand Funeral of Dr. Sun Yat-sen, which reinterred the body of Dr. Sun from Beijing to Dr. Sun Yat-sen Mausoleum in Nanjing, and was one of the watchers in the wake. In June, Chan was the director of the Overseas Chinese Affairs Committee under the Central Executive Committee of Kuomintang and started to work on the regulation of the overseas Chinese affairs, the protection of overseas Chinese rights, the education of the overseas Chinese, as well as encouraging them to go back to the country to invest.

In January 1930, Chan initiated the Guangdong Construction Council with Hu Hanmin and Gu Yingfen. In June, Chan was a member of Preparatory Committee of the Kuomintang Central Branch. In November, he filled a vacant seat and became a full member of the 3rd Central Executive Committee of Kuomintang. In December, he was in the Revolution Debt Investigating Committee of the Central Executive Committee of Kuomintang, to investigate and tidy up the debts and donations from the start of the revolutions.

In January 1931, Chan was named the Honorary Interviewer of Party History Compilation Committee of the Kuomintang Central Executive Committee. In February, he was named as the Honorary Compiler of Party History Compilation Committee of the Kuomintang Executive Committee. In the same month, he was appointed to be the director of National Chi Nan University.

From February to October 1931, Chan travelled with Lin Sen to the Philippines, Malaysia, Australia, France, Indonesia, the America, the United Kingdom, Germany, and etc. to conduct checks on party affairs and overseas Chinese affairs and raise funds for the construction of the Kuomintang Central Branch. In May, Chan was a delegate in the National Convention. He was also a member of the overseas party affairs committee in the "extraordinary session of the Kuomintang Central Committees" in Guangzhou. In August, he was a standing member of the Overseas Chinese Affairs Council of the National Government in Guangzhou. In September, he was named as the director of the Kuomintang Central Committee of Overseas Party Affairs of the National Government in Guangzhou. From mid November to early December, Chan attended the 4th National Congress of Kuomintang held separately by the National Government in Guangzhou and was elected an alternate member of the Kuomintang Central Executive Committee. At the end of December, he went to Nanjing to attend the first meeting of the 4th Kuomintang Central Executive Committee and was elected to be the deputy minister of the Central Committee of Overseas Party Affairs.

In January 1932, the Southwest Headquarters of the Kuomintang Central Executive Committee and the Southwest Political Affairs Committee were established in Guangzhou. Chan was a member of the Southwest Headquarters of the Kuomintang Central Executive Committee. In April, he was a member of the Overseas Chinese Affairs Council directly subordinate to the Legislative Yuan. In May, he and other Central Executive Committee members and Central Supervisory Committee members in Guangdong published an open telegram with joint signatures in opposition to the Shanghai Ceasefire Agreement in the Shanghai War in 1932. In September, he was a member of the Chaozhou-Meizhou branch of the River Control Committee in Guangdong. In the Same year, Chan was aslo a member of the 2nd Construction Advisory Committee of Huanghuagang. From 1932–1936, he also served for three terms of office as a member of the Board of Directors of the Kwangtung

Provincial Bank.

In July 1933, Chan was a standing member of the Management Committee of the Construction of the Monument in Sun Yat-sen Memorial Hall in Guangzhou, and also the Secretary of the Hall. In November, he was appointed to be the Auditor-General of the southern part of Canton-Hankow Railway, Canton-Kowloon Railway and Zhuzhou-Shaoguan Railway.

In July 1935, Chan Yew Foon attended the Commemoration Ceremony of the 9th Anniversary of the Oath-Taking of the National Revolutionary Army and urged to restore the revolutionary spirit nine years ago and to realize the revival stages that Dr. Sun Yat-sen have planned as speedily as possible. In November, he attended the 5th National Congress of Kuomintang and was elected an alternate member of the Central Executive Committee. In December, he attended the first meeting of the 5th Kuomintang Central Executive Committee and was elected as deputy minister of the Central Committee of Overseas Party Affairs.

After the breakout of the war with Japan in July 1937, Chan was sent to Central and South America to publicize the government's determination of resisting the aggression, to sell liberty bonds, and to raise money from the overseas Chinese for the support of the War. Chan have toured to Mexico, Ecuador, Peru, Cuba, Panamá, and Chile from December 1937 to March 1938.

In October 1938, Guangzhou was defeated by the Japanese and Chan moved to Hong Kong.

In January 1939, 12 people included Chan Yew Foon, Luo Yiqun, and Chen Qingyun, jointly cabled Chiang Kai-shek and other Central Committee members to condemn Wang Jingwei for his desire to pursue peace negotiation with Japan. Chan attended the fifth meeting of the 5th Kuomintang Central Executive Committee in Chongqing, and on behalf of the Central Committee members

remained in Hong Kong, he advocated to apprehend Wang Jingwei and called upon the soldiers and people of China to resist Japan to the last. Chan also specifically mentioned to help the war refugees in Guangdong and to strengthen the local people's arms to resist the aggression. In November, he attended the sixth meeting of the 5th Kuomintang Central Executive Committee which reclaimed the basic state policy of resisting Japan since the outbreak of the War. In July 1940, Chan attended the seventh meeting of the 5th Kuomintang Central Executive Committee which mainly discussed the economic problems in the period of the War.

In March to April 1941, Chan attended the eighth meeting of the 5th Kuomintang Central Executive Committee. In April, he was the Executive Officer of the Kuomintang Hong Kong and Macau Branch. In December this year, Hong Kong was defeated by the Japanese.

In 1942, Chan Yew Foon arrived in Wuzhou of Guangxi after safely escaping from Hong Kong. He felt off a building and was injured in the process. Fortunately he was healed at last with 5,000 yuan that Chiang Kai-shek gave him for his medical treatment, and reunited with his family who came from Macau.

In 1944, Chan finally got to Chongqing after going through various hardships in the national crisis.

In May 1945, Chan attended the 6th National Congress of Kuomintang and was elected to be a member of the Central Executive Committee. In June, he completed the writing of the autobiography in Chongqing. In September, Japan formally surrenders to China. Chan and his family moved back to Guangzhou afterwards. In November, he was awarded the Victory Medal for his meritorious in the Anti-Japanese War.

In March 1946, Chan Yew Foon was elected an alternate delegate in the Constituent National Assembly.

In April 1948, Chan was elected a member of the Overseas Chinese Affairs Council of the National Government.

In January 1949, Chan was named as a member of the Tong Meng Hui (Chinese Revolutionary Alliance) Memorial Council in America. In the same year, he was appointed the deputy minister of the Overseas Chinese Affairs Council of the National Government in January, and was reappointed the same position in April. In August, Chan was appointed as a member of the National Disaster Relief Commission.

On October 23, 1949 Chan Yew Foon passed away in Hong Kong at the age of 66. Burial and public memorial service for Chan Yew Foon was held on October 25, 1949 in Chinese Christian Cemetery, Kowloon, Hong Kong. In recognition, Chiang Kai-shek and Chen Cheng signed and awarded Chan Yew Foon the "Presidential Decree".

鸣　谢
Acknowledgements

　　本书得以草成，首先必须感谢的是以陈国勳先生为代表的陈耀垣先生亲属后裔，没有他们慷慨捐赠的家藏文物文献，就不可能有本书的面世。通过电子邮件，陈国勳先生不厌其烦回答本人提出的问题，并多次审读传记全文，指出错漏之处，对传记的准确可靠提供保证。受笔者水平限制，本书无论是资料的拓展还是研究的深入都还存在不尽如人意之处。希望今后对于陈耀垣先生的研究陆续有进一步的成果，不负陈国勳先生所望。

　　孙中山故居纪念馆能获得陈国勳先生的信任，多承孙中山先生曾侄孙孙必胜先生的鼎力推荐和居中联络。昔年笔者编撰必胜先生曾祖父孙眉先生的年谱，便得到必胜先生及其胞弟必达先生的指教。近年必胜先生定居中山，对中山故居工作大力支持并时加关顾，深心感激。

　　本书是笔者参与中山大学历史系程美宝教授主持的广东省高层次人才项目"全球史视野下的岭南社会与文化"（项目号：11200-3210005 [1414006]）的阶段性成果之一，同时亦得到理论粤军·广东省特色文化研究基地建设专项经费资助。2014 年 7~8 月间，蒙程美宝教授介绍，台湾"中央研究院"近代史研究所巫仁恕副所长接纳，时任孙中山故居纪念馆馆长萧润君先生支持，本人有机会到台北中研院近史所访学两月，得以利用该所郭廷以图书馆及中国国民党文化传播委员会党史馆、"国史馆"等机构收藏的档案及图书资料，充实本书内容。中国社科院近代史研究所图书馆，珠海市斗门区博物馆及周燕文馆长、赵艳玲副馆长、苏业花副研究馆员，江门市博物馆及黄志强馆长，以及广东省社科院张金超研究员、珠海市博物馆张建军馆长、中山市侨史学会陈迪秋副会长、本馆楚秀红馆员等均为搜集相关文物史料提供慷慨的支持和方便。

　　中山大学历史系邱捷教授、孙中山研究所李吉奎教授拨冗审阅本书初稿，提出许多精辟的修改意见，对本书修改大有裨益。英国曼彻斯特大学欧冬红博士悉心翻译全书图片说明及附录大事记等。孙中山故居纪念馆各位同仁（如果开列将是很长的名单）为文物、文献的征集、提用、翻拍、扫描，图书资料查阅、核对等给予数不清的大大小小方便和帮助。

　　对上述机构和人士的支持和帮助致以最衷心的感激！

黄健敏

2016 年 6 月 1 日于翠亨